UMA INTRODUÇÃO À
FILOSOFIA
DA LINGUAGEM
••••••••••••••••••••••••••••••

SÉRIE ABORDAGENS FILOSÓFICAS EM EDUCAÇÃO

UMA INTRODUÇÃO À
FILOSOFIA
DA LINGUAGEM

2ª edição

Max William Alexandre da Costa

Rua Clara Vendramin, 58 – Mossunguê – CEP 81200-170 – Curitiba-PR – Brasil
Fone: (41) 2106-4170 – www.intersaberes.com – editora@intersaberes.com

Conselho editorial
Dr. Alexandre Coutinho Pagliarini
Dr.ª Elena Godoy
Dr. Neri dos Santos
M.ª Maria Lúcia Prado Sabatella

Editora-chefe
Lindsay Azambuja

Gerente editorial
Ariadne Nunes Wenger

Assistente editorial
Daniela Viroli Pereira Pinto

Edição de texto
Monique Francis Fagundes Gonçalves

Capa
Denis Kaio Tanaami (*design*)
Charles L. da Silva (adaptação)
GNT STUDIO/Shutterstock (imagem)

Projeto gráfico
Regiane Rosa

Diagramação
Estúdio Nótua

Iconografia
Regina Claudia Cruz Prestes

Dados Internacionais de Catalogação na Publicação (CIP)
(Câmara Brasileira do Livro, SP, Brasil)

Costa, Max William Alexandre da
  Uma introdução à filosofia da linguagem / Max William Alexandre da Costa. -- 2. ed. -- Curitiba, PR : InterSaberes, 2023.
-- (Série abordagens filosóficas em educação)

  Bibliografia.
  ISBN 978-85-227-0754-6

  1. Linguagem – Filosofia I. Título. II. Série.

23-164102   CDD-401

Índices para catálogo sistemático:
1. Filosofia da linguagem   401
2. Linguagem : Filosofia   401

Cibele Maria Dias – Bibliotecária – CRB-8/9427

1ª edição, 2015.

2ª edição, 2023.

Foi feito o depósito legal.

Informamos que é de inteira responsabilidade do autor a emissão de conceitos.

Nenhuma parte desta publicação poderá ser reproduzida por qualquer meio ou forma sem a prévia autorização da Editora InterSaberes.

A violação dos direitos autorais é crime estabelecido na Lei n. 9.610/1998 e punido pelo art. 184 do Código Penal.

Sumário

Apresentação ~ 9

Organização didático-pedagógica ~ 11

Introdução ~ 13

Capítulo I
O signo: apropriações históricas ~ 17
1.1 Aristóteles *Da interpretação*, 20
1.2 Apropriações medievais, 25
1.3 Apropriações modernas, 27
1.4 Matemática, lógica e o princípio da filosofia, 30

Capítulo II
Frege e a filosofia da linguagem no século XX ~ 43
2.1 Vida e obra, 46
2.2 A lógica moderna, 50
2.3 Sintaxe do cálculo de predicados de 1ª ordem, 51
2.4 Axiomas, 55

2.5 Sobre o sentido e a referência, 56
2.6 Referência, 57
2.7 Termos singulares, 58
2.8 Sentido e referência, 61

Capítulo III
Teoria das descrições definidas ~ 77
3.1 A filosofia de Bertrand Russell, 79
3.2 A teoria dos objetos de Meinong, 91
3.3 A solução de Russell, 95
3.4 Strawson e a crítica à teoria das descrições definidas, 97

Capítulo IV
Crítica à teoria ortodoxa da referência ~ 117
4.1 Teoria ortodoxa da referência, 120
4.2 Crítica de Donnellan, 121
4.3 Objeções de Kripke, 127
4.4 Argumento da Terra Gêmea, 140

Capítulo V
Teoria pragmática da linguagem ~ 153
5.1 A teoria pragmática da linguagem de Wittgenstein, 156
5.2 A reorientação pragmática na filosofia de Quine, 163

Capítulo VI
Linguagem e ideologia ~ 177
6.1 A teoria de Habermas, 180
6.2 O contraponto da linguagem, 183

Considerações finais ~ 195

Referências ~ 199

Bibliografia comentada ~ 201

Respostas ~ 203

Sobre o autor ~ 215

Gostaria de dedicar este livro a três pessoas sem as quais ele não poderia ter sido escrito. A primeira é o professor Luís Fernando Lopes, coordenador do curso de licenciatura em Filosofia/EaD, que permitiu que eu ingressasse e participasse da construção desse magnífico projeto. A segunda pessoa é meu grande amigo, professor Antônio Djalma Braga Junior, que depositou em mim um grande grau de confiança, convidando-me em nome do Grupo Uninter para escrever esta obra. A terceira pessoa é meu orientador, e também grande amigo, Breno Hax Junior, que sempre me motivou e me ajudou em meus estudos, encorajando-me a seguir meu próprio caminho e instigando a curiosidade necessária que cada um deve ter no exercício da filosofia.

Apresentação

Este é um livro introdutório de filosofia da linguagem. Aqui nós discutiremos sobre teorias do significado, teorias da referência, teorias pragmáticas e, por fim, sobre linguagem e ideologia. A estrutura desta obra está organizada em três partes distribuídas em seis capítulos. Na primeira parte (capítulos 1, 2, 3 e 4), o tema central são as teorias de referência do século XX. Apresentaremos dois paradigmas distintos, aquele que ficou conhecido como teoria descritivista ou ortodoxa da referência e a teoria da referência direta. Na segunda parte (Capítulo 5), apresentaremos a visão pragmática da linguagem com base nas contribuições de Wittgenstein e Quine, e como eles ajudaram a construir uma visão oposta à abordagem universalista da linguagem. Na terceira parte (Capítulo 6), veremos o debate entre Habermas e Apel sobre o papel e a influência da ideologia na linguagem.

Organização didático-pedagógica

A fim de facilitar a leitura e a absorção dos temas, discussões e teses que a presente obra apresenta didaticamente acessíveis ao leitor, cada capítulo apresenta a seguinte estrutura:

Introdução ao capítulo

Logo na abertura do capítulo, o leitor é informado acerca dos conteúdos que serão abordados, bem como os objetivos que o autor pretende alcançar.

Síntese

Cada capítulo conta com uma síntese dos conteúdos abordados, com o intuito de demonstrar resumidamente a linha de raciocínio do autor e de facilitar a pesquisa de itens mais pontuais do texto.

Por fim, discorremos um pouco sobre a origem e o desenvolvimento do pensamento filosófico. Vimos que a filosofia tem um parentesco muito próximo com a matemática, uma vez que aquela era uma proposta de aplicação do rigor e da sistematicidade característicos da matemática, mas usados para tratar problemas sobre o ser, a alma humana, a virtude e a beleza, e não apenas sobre as relações entre números e formas geométricas.

Indicações culturais

Filme
SÓCRATES. Direção: Roberto Rossellini. Espanha: Versátil, 1971. 120 min.

Esse filme (uma cinebiografia) narra a trajetória do maior filósofo da Antiguidade, aquele que foi mestre de Platão e pai das ciências morais e éticas: Sócrates. No filme, podemos acompanhar o fim da vida do filósofo grego, incluindo o julgamento e a condenação à morte. É composto quase que totalmente por diálogos baseados nos diálogos escritos por Platão, além de uma breve encenação da comédia *As nuvens*, de Aristófanes. É uma bela produção levada a cabo pelo grande diretor Roberto Rossellini.

Livro
WARBURTON, N. Elementos básicos de filosofia. Lisboa: Gradiva, 2007.

O que é filosofia? Qual é a sua natureza? É ela definida pelos problemas com os quais lida? É possível obter uma definição necessária e suficiente que dê conta de abranger todos os seus ramos e segmentos? Nesse livro, Nigel Warburton trata de maneira simples questões como essas, bem como problemas centrais da filosofia, e traça um panorama bastante acessível e interessante dos seus múltiplos aspectos, trazendo ao leitor uma abordagem concisa e instrutiva da natureza desse que é um dos principais ramos do pensamento.

INDICAÇÕES CULTURAIS

Com o objetivo de enriquecer os temas analisados e sugerir fontes de pesquisa complementares, cada item da obra inclui sugestões do próprio autor a respeito de referências de livros, filmes, *sites* e outros materiais de mídias e suportes variados.

ATIVIDADES DE AUTOAVALIAÇÃO

Para que o leitor possa testar os conhecimentos adquiridos durante a leitura e o estudo da obra, ao final de cada capítulo há atividades avaliativas de múltipla escolha.

Atividades de autoavaliação

1. De acordo com o problema de Estilpo, assinale a alternativa verdadeira:
   a) Trata-se de um problema ontológico.
   b) É o problema de saber como é possível a comunicação.
   c) Trata-se de um problema sobre a predicação.
   d) Diz respeito à semântica.
   e) Trata-se da impossibilidade de dizer o falso.

2. O que é o problema de Estilpo?
   a) É um problema sobre a possibilidade da predicação.
   b) É um problema sobre a natureza da verdade.
   c) É um problema sobre a necessidade dos significados.
   d) Trata-se de uma falácia retórica.
   e) Corresponde a uma contradição formal.

3. De acordo com Aristóteles, qual é o erro no argumento de Estilpo?
   a) Analisar a linguagem como um organismo vivo.
   b) Afirmar que a semântica é fruto da pragmática.
   c) Não observar que a cópula verbal tem mais de uma função.
   d) Afirmar que palavras não têm significados.
   e) Todas as alternativas anteriores estão corretas.

4. Quais são as três funções da cópula verbal?
   a) Sintática, semântica e pragmática.
   b) Universal, geral e particular.
   c) Palavra, signo e objeto.
   d) Identidade, predicação e existência.
   e) Sintético, analítico e *a priori*.

Atividades de aprendizagem

1. Explique o argumento modal de Kripke.
2. Qual foi a contribuição de Kripke para a compreensão da relação entre conceitos modais e epistêmicos?
3. Explique a distinção atributivo/referencial de Donnellan. Apresente outros exemplos cotidianos por meio dos quais podemos constatar tal distinção.
4. Explique o argumento da Terra Gêmea de Putnam. Você concorda que os significados não estão na cabeça, mas sim no mundo exterior?
5. Qual é a tese defendida pela teoria da referência direta?

Atividades aplicadas: prática

1. Assista ao filme *A outra terra* e discuta os impactos e as consequências do contato entre ambas as terras.

ATIVIDADES DE APRENDIZAGEM

Atividades desenvolvidas a fim de estimular o leitor a buscar integração maior entre teoria e prática.

Introdução

A linguagem como tema filosófico

A linguagem é um dos temas centrais da filosofia e tem sido, há muito tempo, um dos mais importantes domínios filosóficos. Desde Platão, inúmeras questões sobre a sua natureza, a relação com o pensamento, o papel que ela desempenha na comunicação e a sua relação com o mundo, com a verdade e com a lógica vêm sendo discutidas incessantemente. A importância da linguagem se dá não apenas do ponto de vista da relação que ela tem com conceitos importantes da filosofia, como verdade e conhecimento, mas também, ou até principalmente, pelo brilho próprio que ela exerce sobre os homens por conta do poder que possui.

Para alguns autores, a linguagem é uma espécie de janela para a natureza humana. É a linguagem que permite, por exemplo, que o homem se expresse por meio da poesia nas artes; é na fala humana que se projetam as estruturas hierárquicas, garantidas por algum tipo de dominação ou poder; é na linguagem que se desenvolve a arte de convencer e persuadir. Ela é, sem dúvida, um instrumento fundamental para duas das mais importantes atividades racionais humanas: a política e o direito. Na política, obviamente, porque, com o discurso e a oratória, é possível melhorar a técnica de convencer os pares a seguir um posicionamento e determinadas políticas. No direito, porque o exercício e o domínio da fala são fatores determinantes para convencer um juiz, o Tribunal do Júri ou qualquer um que esteja envolvido nas relações jurídicas.

Para ilustrar melhor a importância da linguagem, podemos mencionar um caso no qual a semântica, estudo essencial da linguagem e ciência que trata do significado das expressões linguísticas, foi crucial em um embate jurídico que envolveu bilhões de dólares. Steve Pinker (2008) comenta sobre esse fato geopolítico, um dos que mais chocaram a opinião pública no século XXI: o episódio que ficou conhecido como 11 de Setembro. Em uma situação dessa gravidade, parece difícil pensarmos como uma discussão envolvendo semântica poderia ser importante para qualquer desdobramento. Contudo, após o atentado terrorista que derrubou as duas torres do *World Trade Center*, em Nova Iorque, uma série de julgamentos aconteceu a fim de determinar a quantia em dinheiro a ser paga pelo seguro do terreno das torres. A quantia em questão variava entre 500 milhões e 3 bilhões de dólares e o processo girava em torno da questão de se o desabamento das torres representava um ou dois eventos.

Dessa maneira, se os advogados de Larry Silverstein, arrendatário do terreno das torres, convencessem a corte de que se tratava de dois eventos, o valor das apólices dobraria, e Larry deveria receber o montante de 7 bilhões de dólares. Os advogados da seguradora, entretanto, afirmavam que foi apenas um evento, já que os ataques contra os prédios faziam parte de apenas um plano, foram concebidos como parte de uma agenda só e, ainda, deflagravam uma única cadeia de eventos militares e políticos. Assim, a interpretação do significado da expressão *evento* adquire um teor puramente mental, pois trata da forma como foram concebidos os ataques.

Já os advogados de Silverstein defendiam a tese de que haviam ocorrido dois eventos; a torre norte e a torre sul eram dois complexos distintos de vidro e aço, separados por um intervalo no espaço. Além do mais, as torres foram atingidas em momentos diferentes. Tentou-se argumentar também que uma delas poderia ter sido poupada, como no caso do terceiro avião que se dirigia a Washington e foi derrubado pelos próprios passageiros. Aqui, a interpretação de "evento" é puramente física e externa, pois trata de duas colisões contra dois arranha-céus distintos. Em suma, os advogados do arrendatário definiram o evento em termos físicos (dois desabamentos), enquanto os da seguradora o definiram em termos mentais (uma trama). A análise desse caso mostra como a semântica não tem nada de "mera".

O fascínio dos homens pela linguagem se justifica pelo poder que ela exerce sobre nós. Há mais de 2 mil anos, o homem sabe que o discurso é uma arma poderosa, que move multidões e altera o rumo das nações. Compreender a estrutura, as nuances e os mecanismos da linguagem é fundamental para usá-la de modo ainda mais efetivo. O ex-primeiro ministro da Inglaterra, Winston Churchill, certa vez fez um dos discursos mais memoráveis da história. Esse discurso foi aberto com uma frase que se tornou célebre: "Não tenho nada a oferecer senão sangue, trabalho árduo, suor e lágrimas". Esse foi o primeiro de três poderosos pronunciamentos de Churchill na Batalha da França, durante a Segunda Guerra Mundial. O poder de oratória do estadista foi essencial para convencer o povo a pegar em armas, enquanto Hitler e as tropas avançavam pela Europa. Assim, por esses e outros motivos, a linguagem é um dos temas mais centrais para a filosofia e para as práticas humanas mais elevadas.

Este é um livro base de filosofia da linguagem e nele exploraremos mais profundamente a natureza, a estrutura e as relações que a linguagem estabelece com outras faculdades. Devemos ir além do estudo das técnicas de retórica e dialética, procurando investigar o que é, para uma expressão linguística, ter um significado, o que é um significado, quais são as relações entre pensamento e significação, ideologia e significação e como significados intervêm na comunicação.

1

O signo: apropriações históricas

Grande parte dos temas que compõem a filosofia da linguagem remonta a obras antigas, como as de Platão e de Aristóteles. Mesmo que se pense que na Antiguidade os estudos relacionados à linguagem se voltavam mais para a lógica e a retórica, já se sabia que alguns aspectos concernentes à interpretação semântica de termos implicavam diferenças em aspectos dedutivos da demonstração. Com base nisso podemos definir que, como o componente básico de qualquer linguagem – inclusive da linguagem da lógica – é uma expressão linguística, compreender o mecanismo semântico dessa expressão é providencial.

    O plano desta contextualização é mostrar algumas abordagens importantes de aspectos estruturais e semânticos da linguagem, que serão vistas ao longo da obra. São eles: as funções da cópula verbal em resposta ao problema de Estilpo, as definições das partes componentes do discurso por Aristóteles, a teoria da abstração de Tomás de Aquino, o nominalismo de Ockham e, por fim, algumas apropriações empiristas sobre o significado e a comunicação.

1.1 Aristóteles *Da interpretação*

Havia na Grécia antiga uma teoria bastante controversa, atribuída ao distinto filósofo megárico Estilpo (380 e 330 a.C.), cujo ponto nodal era a afirmação de que a predicação não era possível. Mas, antes de entrarmos propriamente no problema, exploraremos a noção de predicação. A predicação pode ser considerada com base em dois aspectos distintos: o objetivo, que leva em conta a existência de objetos e propriedades e a relação entre eles; e o linguístico, que considera a relação entre sujeitos de predicação e conceitos ou predicados propriamente ditos. Importa, para nossos fins, o segundo aspecto.

Mas, exatamente, o que é a *predicação*? Basicamente, a predicação é um fenômeno linguístico por meio do qual designamos ou representamos uma relação de satisfação entre um termo sujeito e um predicado. Por exemplo: quando dizemos que "Sócrates é branco", estamos afirmando que há uma relação na qual Sócrates satisfaz o predicado da brancura. Portanto, é bastante simples aquilo que se designa por predicação, uma vez que esse é um fenômeno básico da linguagem. Trata-se da estrutura semântica mais simples possível de uma proposição completa – tão simples que fica difícil imaginar como alguém pode afirmar que a predicação é impossível, como Estilpo afirmava.

A teoria de Estilpo era a seguinte: quando afirmamos algo sobre Sócrates – por exemplo, que ele é sábio –, estamos ressaltando uma característica pertencente a Sócrates. Contudo, Estilpo argumenta que isso é uma ilusão, pois quando dizemos de Sócrates que ele é sábio, estamos dizendo sobre Sócrates que ele é algo que na verdade é diferente de Sócrates. Sócrates não é idêntico à sabedoria, Sócrates é uma coisa e sabedoria é outra completamente diferente. Da mesma forma, se afirmarmos que "o cavalo corre", estaremos incorrendo mais uma vez em erro, pois "o correr" é algo distinto de "o cavalo" – ou seja, dizer algo acerca de algum cavalo que é diferente dele mesmo, então, é o mesmo que dizer que algo é aquilo que não é. Caímos, assim, em contradição, pois seria o mesmo que negar que "Sócrates é Sócrates e que o cavalo é o cavalo". De acordo com Estilpo, portanto, as únicas afirmações que podem ser feitas são do tipo "Sócrates é Sócrates" e "o cavalo é o cavalo", pois se trata de dizer de algo aquilo que é, e não uma coisa diferente dele.

Aristóteles refutou Estilpo mostrando que "o ser se diz de vários modos diferentes"; basicamente, uma das interpretações dessa afirmação é que a cópula verbal "é" possui pelo menos três interpretações distintas. Seriam elas:

1. a de identidade, quando queremos afirmar que Sócrates é autoidêntico como em "Sócrates é Sócrates" ou "dois é a raiz quadrada de quatro";
2. a de existência, com a qual podemos afirmar que "Sócrates é", ou seja, que "Sócrates existe";
3. a predicativa, mais conhecida e mais usada, que consiste basicamente na representação da relação entre um item ou objeto qualquer e uma propriedade.

Conclusão: a solução de Aristóteles para o problema foi basicamente mostrar que Estilpo desconhecia ou ignorava as outras funções da cópula verbal[1]. Dessa forma, ele reconhecia apenas a primeira função e a estendia para contextos inapropriados.

Mas é na obra *Da interpretação* (Aristóteles, 2000) que Aristóteles apresenta um tratamento mais completo sobre as diversas partes que compõem a estrutura da linguagem. O tema principal é a natureza da contradição entre asserções. Uma contradição é algo que sempre envolve uma afirmação; assim, contradizer-se é o mesmo que afirmar e negar algo acerca de algo. Em termos menos abstratos, é como dizer que algum objeto tem e não tem certa propriedade ou como afirmar que alguém tem e não tem certa nacionalidade. O princípio de não contradição foi formalmente concebido pela primeira vez como um princípio filosófico por Aristóteles, com os princípios de terceiro excluído e identidade, que apresentaremos no capítulo sobre a lógica de Frege e de Aristóteles. A lógica e a contradição são assuntos cruciais para a retórica e para a dialética: elas consistem em apresentar a contraditória de uma tese proposta e apresentar um dilema entre tomar tanto a tese quanto a sua contraditória.

Aristóteles inicia a obra *Da interpretação* anunciando que tratará dos componentes básicos do discurso, como um nome, um verbo, o que é uma negação, uma afirmação, uma asserção e uma sentença. Em seguida, oferece uma caracterização do esquema semântico estabelecido entre as afecções da alma, as palavras escritas e os sons

---

1 A cópula verbal é representada geralmente pela letra "é" e expressa o verbo *ser*. Tem esse nome justamente por unir o sujeito ao verbo ou predicado, por exemplo: "Sócrates é grego", unindo o nome "Sócrates" ao predicado "ser grego".

falados: "Os sons falados são símbolos das afecções da alma, as palavras escritas são símbolos dos sons falados, e assim como as palavras escritas não são as mesmas para todos, também os sons falados não o são" (Aristóteles, 2000, p. 178). Mas as afecções da alma, completa Aristóteles, essas sim são as mesmas para todos. E ainda naquilo em que as afecções da alma são semelhantes às coisas atuais, elas são as mesmas.

Por um *nome*, Aristóteles entende um som falado que é significante por convenção, e a convenção consiste unicamente na escolha e no fato de a expressão adquirir o significado que tem. Estamos falando aqui de aspectos daquilo que o nome nomeia, pois nenhum nome é naturalmente o nome de nada, apenas quando se torna o símbolo de algo. Por um *verbo*, Aristóteles compreende um sinal das coisas ditas de algo mais. Nem um nome nem um verbo são completamente significativos. Por uma *sentença*, o filósofo de Estagira compreende uma expressão significativa completa. Por um *enunciado*, o proferimento de uma sentença.

Nesse sentido, entendemos que as sentenças podem ser simples ou complexas: a simples consiste em uma afirmação de algo a respeito de algo, geralmente um nome e um verbo unidos por um verbo de ligação (a cópula verbal no presente ou em algum tempo verbal); a composta é uma sentença formada por sentenças simples unidas por um conectivo sentencial. Assim, com essas definições em mãos, Aristóteles caracteriza a contradição da seguinte forma: como foi definido, uma afirmação consiste em uma sentença afirmando algo de algo, uma negação como uma sentença negando algo de algo e cada afirmação possui uma negação oposta. Conseguimos concluir disso que uma contradição consiste em uma afirmação e uma negação que são opostas. E "opostas" significa afirmar e negar a mesma coisa da mesma coisa.

Embora a tradição filosófica ocidental tenha privilegiado a lógica aristotélica, ela não era a única nem a mais fecunda. Havia também a tradição lógica dos estoicos, pouco conhecida e, por isso mesmo, pouco valorizada.

Perceba que há uma relação muito próxima entre a lógica e o estudo da linguagem. Pode não ter sido sempre assim, mas, hoje, os lógicos, os linguistas e os filósofos entendem, de modo geral, que a lógica consiste em uma ciência da demonstração: Como podemos ter certeza de que partindo de premissas verdadeiras podemos chegar a uma conclusão igualmente verdadeira sem desvios da verdade nem perda conceitual relevante? Uma demonstração consiste em uma série de passos e regras aplicados a sentenças interpretadas, no intuito de estabelecer as relações de inferência existentes entre cada sentença. Portanto, podemos dizer que a lógica consiste em uma ciência que estuda as relações inferenciais entre as sentenças de uma linguagem.

A lógica necessita de uma linguagem prévia para a qual já tenha sido dada uma primeira interpretação. Assim, para cada expressão dessa linguagem, deve haver um objeto correspondente ou uma regra de formação de natureza sintática associada a ela. Assim, antes do desenvolvimento de uma lógica para essa ou qualquer outra linguagem, é necessário que haja uma compreensão bastante aprofundada do que é exatamente o significado de uma expressão, de um símbolo ou de um signo linguístico. É por isso que lógica e semântica estão tão próximas.

Para ilustrar como a semântica já era um tema de estudo filosófico na Antiguidade, podemos citar também o caso da discussão entre aristotélicos e estoicos sobre a interpretação dos signos e das palavras. Os estoicos pertenciam a uma tradição filosófica que se inicia com Zenão de Cítio (340-264 a.C), por volta do século III a.C.; mais tarde, surgiram nomes como Crisipo de Solis (280-208 a.C) e Epíteto. Os estoicos defendiam, em relação à palavra, uma interpretação de caráter nominalista. Assim, para eles, diferentemente de Aristóteles, "as ideias gerais ou conceitos não passam de nomes" (Bastos, 2010, p. 35-36).

É importante salientarmos que, nessa interpretação de caráter nominalista, não há em nenhum âmbito do real outra coisa senão objetos; não há universais, formas puras gerais, entidades perfeitas como essências, nem no céu de Platão, nem instanciado nas coisas, como queria Aristóteles. Segundo Brochard (1966), os estoicos chegaram ao extremo do nominalismo, não reconhecendo nas expressões linguísticas outra coisa além de sons. Já para Aristóteles (2000), as palavras são signos das afecções da alma, que, por sua vez, são sinais da maneira como os objetos externos nos atingem e imprimem forma em nós. Isso denuncia um caráter muito mais essencialista da interpretação dos signos e dos símbolos da linguagem.

1.2 Apropriações medievais

Durante a era medieval, as discussões sobre linguagem ressurgiram em moldes não muito diferentes. Tomás de Aquino (1225-1274), seguindo Aristóteles, desenvolveu uma doutrina da abstração para explicar o conhecimento humano e como as palavras adquirem os sentidos que possuem. Para ele, o processo de abstração consiste no ato do intelecto, no qual este obtém o universal a partir dos entes sensíveis particulares – uma questão que reorientou os rumos da filosofia enormemente nos séculos seguintes. Ou, ainda, de forma mais dramática, no que diz respeito ao objeto abstraído, como nosso intelecto acessa as entidades matemáticas, a saber, figuras geométricas e números? É onde, por exemplo, a filosofia da linguagem se une com a epistemologia e a teoria do conhecimento. Como podemos conhecer o universal apenas com base no singular?

Por fim, Tomás de Aquino considera que, para a atividade cognoscitiva humana, é necessária uma abstração com base em fantasmas, "que são as imagens sensíveis produzidas a partir da recepção pelos sentidos externos dos aspectos sensoriais dos entes" (Silva, 2011, p. 173). Nesse sentido, para formarmos um conhecimento sobre algo no mundo, precisamos primeiro ter acesso ao universal ao qual esse algo pertence. É como se, para ter o conhecimento de "cavalo", por exemplo, nosso intelecto necessitasse, antes, entrar em contato com todas as formas universais abstratas às quais pertence esse conceito. Só então vamos ter o conhecimento de um cavalo particular e poderemos usar corretamente a expressão.

Décadas mais tarde, Guilherme de Ockham (1285-1347), criticou a teoria de Tomás de Aquino. Ele partiu do princípio do nominalismo, invertendo a primazia da relação universal-singular na explicação da aquisição de sentido pelas palavras e, principalmente, na explicação da aquisição de conhecimento:

> Ockham, diferentemente de Tomás, compreende que o primeiro objeto conhecido pelo intelecto é o singular, e não o universal. O singular torna-se então, para Ockham, a pedra fundamental que irá dar sustentação a toda sua doutrina filosófica, pois é somente através do singular como objeto do

nosso conhecimento, que as explanações acerca do conhecimento intuitivo e abstrativo se tornam compreensíveis. (Lima; Schneider, 2013, p. 27)

Ockham ficou conhecido por propor um expediente no qual os fantasmas de Tomás de Aquino são banidos da explicação semântica e epistêmica. Esse expediente ficou conhecido como *navalha de Ockham* e consiste em cortar ou descartar de qualquer explicação dessa ordem elementos desnecessários, como as etapas de abstração ou mesmo os fantasmas. Para Ockham, universais não se referem a entidades abstratas, mas são meras expressões linguísticas, componentes psicológicos do conhecimento.

1.3 Apropriações modernas

Já no período moderno, com o empirismo britânico, a discussão sobre o significado dos nomes e das demais expressões da linguagem adquiriu um novo rumo. A crença unânime que apresenta o empirismo é a de que todo conhecimento advém da experiência. As três principais teses empiristas são:

1. das coisas nós só temos suas qualidades;
2. cada ideia entra de modo separado na mente;
3. compete à mente o papel de unir as ideias e compor o mundo exterior de acordo com algum princípio.

A primeira tese consiste em uma recusa de conceitos da metafísica clássica, como o de substância. *Substância* seria aquilo que "sobraria" das coisas se nós retirássemos delas todas as propriedades sensíveis – é de algum modo aquilo que permanece para além das mudanças do indivíduo. Considera-se que, com o passar do tempo, todos os objetos mudam ou têm as características alteradas – a única coisa que não muda e assim permanece, nesse sentido, é a substância. Mas, para o empirismo clássico, até mesmo essa noção advém da experiência.

Imagine que você entra agora em uma sala e há uma maçã lá dentro. No momento seguinte, após sair da sala, você retorna e vê novamente uma maçã na sala. Digamos que você não foi muito longe e viu que ninguém entrou na sala, então, quando você retorna à sala, a suposição natural é a de que aquela é a mesma maçã que havia antes. Agora imagine que você retornou à mesma sala e você era a única pessoa com a chave que poderia abri-la e que, ao entrar, percebeu uma maçã já bem diferente da que havia visto. Provavelmente você pensará que ela já não tem a mesma cor, a mesma forma, o mesmo aroma e provavelmente o mesmo sabor pela ação do tempo. Contudo, também nesse segundo caso seria natural pensar que seria a mesma maçã. É a partir desse tipo de experiência que os empiristas dizem que não há, *a priori*, na mente, um conceito tal como o de substância, menos ainda algo na realidade que corresponda a tal conceito. Por isso, então, que apenas podemos afirmar que das coisas nós só temos as qualidades e nada mais.

A segunda tese tem apelo na compreensão de que tudo que podemos separar na mente entra separado na percepção – ou seja, caso duas qualidades ao serem percebidas entrassem unidas na mente, não seria mais possível separá-las. Por exemplo: somos capazes de separar o vermelho da maçã da forma da maçã, mas seríamos capazes de separar o vermelho em partes ainda mais simples? Faça essa experiência e você verá que há um grande apelo para essa tese.

A terceira tese, por sua vez, compete à mente o papel de reorganizar as ideias segundo algum princípio. Percebemos, assim, que ela decorre da tese anterior, pois, se as ideias entram separadas na mente, tem de haver alguma instância ou faculdade reguladora que "reconstrua" a realidade internamente, ligando novamente as ideias segundo algum princípio.

De acordo com David Hume (1711-1776), os princípios reguladores que reconstroem as ideias na mente são justamente a recorrência e a contiguidade espaçotemporal, de acordo com as quais as ideias se apresentam na experiência. Assim, quanto mais recorrente for a proximidade com que as ideias (como a ideia de *fogo* e a ideia de *fumaça*) se apresentarem a nós, mais essas duas ideias estarão juntas em nosso intelecto. Do mesmo modo funcionariam a cor, a forma e o sabor da maçã – ou seja, nunca teremos a expectativa de sentir o gosto do limão ao ver um objeto vermelho, muito provavelmente uma fruta com várias características que acompanham nossa ideia de maçã – e que acreditamos ser ela –, devido ao fato de que sempre que a experimentamos, ela possui o mesmo sabor.

Uma das principais doutrinas defendidas pelos empiristas é a de que a mente é uma "tábula rasa" ou uma "folha em branco" pronta para receber o material das impressões sensíveis. Assim, apenas por meio da experiência seria possível compor o conhecimento humano. Nessa abordagem, o significado de uma expressão linguística é uma ideia na mente.

Uma ideia consiste no correlato de uma impressão simples. Por exemplo: quando você vê uma maçã e entra em contato com a cor dela, o vermelho entra em nossa mente separado das demais propriedades dessa fruta, como a forma, a textura e o sabor. Desse modo, cabe à mente o papel de unir e compor essas ideias para formar "em nós" a maçã e, assim, conferir sentido tanto à expressão *maçã* quanto ao pensamento sobre ela.

1.4 Matemática, lógica e o princípio da filosofia

Antes de nos aprofundarmos em um estudo mais detido sobre os problemas que definem a filosofia da linguagem, cabe antes apresentarmos uma visão sobre o que é a *filosofia*. Por mais ambiciosa que possa ser essa tarefa, acreditamos que tentar compreender a natureza desse gênero do conhecimento humano é um exercício muito pertinente, pois devemos pensar em qual é o campo de estudos dessa disciplina, se é ela uma ciência ou não e, caso não seja, como poderemos chamar os seus resultados de *conhecimento*. Nesse sentido, talvez a pergunta mais importante seja: Onde se encontra a racionalidade da investigação filosófica?

Existem muitas versões que tentam explicar o início da filosofia. Esta é a explicação que acreditamos ser a mais correta: as primeiras civilizações humanas surgiram no Oriente por volta de 4500 a.C. e 3750 a.C., na região que conhecemos como *Mesopotâmia*. Uma das explicações mais aceitas para esse fenômeno, ou seja, para a preferência dos homens pela vida em grupos, cidades e civilizações, é a de que isso aumenta as chances de sobrevivência. Repartir o trabalho faz com que o fardo de prover os elementos necessários à vida e à sua preservação seja menos pesado. E assim, quanto maior é uma civilização, mais formas ela terá de se proteger das contingências e dos perigos que a ameaçam e a cercam.

Provavelmente, esse não foi o único fator que fez com que os homens se reunissem para viver em conjunto. Alguns filósofos acreditam que esse fenômeno não é um mero fator contingente. Contingente porque, se as condições que a natureza e a vida impõem fossem diferentes, os homens não sentiriam a necessidade de viver em grupos. Isso leva a crer que há outros fatores responsáveis por esse comportamento, o comportamento resultante do desejo de viver em grandes grupos. Para esses filósofos, o sentimento de reunir-se e viver em comunidades não se esgota apenas na sensação de segurança que a vida em sociedade proporciona, ele é algo maior. Na visão de Thomas Hobbes, por exemplo, a instituição da sociedade, apesar de necessária, é artificial, pois, para ele, os homens não nascem aptos para a sociedade, mas encontram nela um meio para obtenção de benefícios próprios (Hobbes, 2006).

Um desses filósofos, talvez (ainda que para nós esse "talvez" seja melhor expresso por um "sem dúvida") um dos mais proeminentes pensadores que já existiram – Aristóteles –, dizia que a natureza humana apenas encontra a plena realização na pólis, ou seja, na vida pública, em meio à sociedade. Assim, para Aristóteles (1940), a reunião dos homens para viverem em conjunto é um movimento natural.

Porém, a despeito dessa discussão, um fato inegável é que a grande maioria de nós prefere viver em conjunto a viver em total isolamento. Imagine, caro leitor, o quão difícil seria a vida se a vivêssemos em total isolamento do outro, se não tivéssemos ninguém com quem repartir e dividir as tarefas que as responsabilidades da manutenção da vida nos impõem. Você, nessa situação, teria, por exemplo, de conseguir a própria água, o próprio alimento, construir o próprio abrigo, cuidar da própria proteção e, no caso de eventualidades médicas, teria de ter o conhecimento necessário para prover o próprio remédio, na medida do possível (lembre-se de que muitos medicamentos e tratamentos de que dispomos hoje foram obtidos após décadas e décadas de pesquisa, com muitas pessoas envolvidas). Se ainda não estiver convencido, aceite apenas o fato, de direito e incontestável, de que nós vivemos em grupos, cidades, estados, países, civilizações, cada qual com a própria língua, cultura, costumes e valores.

Mas é claro que temos os dois lados dessa história, afinal, se por um lado obtemos inúmeras vantagens ao viver em sociedade e nos livramos de uma série imensa de dificuldades que a condição humana em estado de natureza nos impõe, por outro, adquirimos um conjunto de problemas de proporções e magnitudes comparáveis. Precisamos lidar com doenças, muitas vezes causadas pelo acúmulo e pelo mau tratamento do lixo e dos dejetos produzidos por nós. Se, por um lado, quanto maior é a civilização, mais facilidades (teoricamente) e mais poder o grupo possui, por outro lado, o problema gerado também é muito maior.

Pense na produção de alimento como exemplo. Nesse caso, quanto maior é o grupo, mais difícil é alimentar a todos. É preciso plantar, cultivar, dividir o terreno, pensar em métodos artificiais satisfatórios de irrigação. Assim, torna-se essencial calcular uma série de elementos e situações, caso contrário, a vida em sociedade entra em colapso. Por isso, é necessária a introdução de métodos de cálculo e raciocínio apurados para desenvolver a mecânica e a engenharia necessárias para tais fins. E assim surgiu a matemática.

A matemática foi uma das primeiras disciplinas do conhecimento humano, uma das primeiras formas organizadas e sistemáticas de lidar com um conjunto de problemas de inúmeras ordens, como o registro da divisão do tempo, dos dias, das estações (com a aritmética básica) e de elementos mais complexos, como o movimento dos astros e as relações entre as figuras geométricas com a geometria. Mas o mais impressionante é que uma das primeiras, se não a primeira disciplina do conhecimento humano, a primeira forma sistemática de obtenção de conhecimento tem o poder e a capacidade de obter conhecimento com um grau tão elevado de certeza.

Compare a matemática com as outras disciplinas do conhecimento humano, que por séculos e séculos tiveram, a cada tentativa, de estabelecer resultados mais sólidos, voltar às bases e reconsiderar os próprios fundamentos. Só nos tempos mais recentes é que algumas delas puderam alcançar, de modo incontestável, o título de ciência. Isso só aconteceu quando os resultados puderam ser tomados de modo seguro, passando pelo crivo rigoroso de metodologias bem definidas. Não foi à toa que Immanuel Kant (1724-1804) escreveu no segundo prefácio de *Crítica da razão pura*: "desde os tempos mais remotos que a história da razão pode alcançar, com o admirável povo grego, a matemática encetou o caminho seguro de uma ciência, (...) no qual não podia haver engano" (Kant, 2001, p. 48).

E aqui começa nosso ponto de interesse. Assim como a explicação do início e da natureza das civilizações humanas, a explicação do que motiva a busca por conhecimento também tem uma dupla atribuição ou dupla influência nos homens. De um lado, há influências que motivam a busca por conhecimento seguro; de outro, há uma incontrolável curiosidade. A segurança advém da necessidade imposta pelo mundo e das dificuldades para a manutenção da vida, principalmente da vida em sociedade, que geralmente exige de nós uma compreensão mais elaborada e um domínio maior da natureza.

Já a curiosidade se caracteriza de forma mais pura que as ações intelectuais que se submetem às exigências impostas pela condição humana: ela parte da natureza do homem, que consiste em pura indagação.

Contudo, o que é unívoco é que, se temos um problema, um dilema ou um paradoxo em mãos, o que buscamos, sem dúvida, é uma resposta segura a esse problema, dilema ou paradoxo. Uma resposta ou uma solução que possua um estatuto ou uma justificação tal que não seja meramente provisória, mas que seja definitiva e segura. E a isso chamamos de *conhecimento* – algo que seja irrevogável, que, quando estabelecido, entre em acordo com os outros conhecimentos obtidos anteriormente, não gerando contradições.

A matemática alcançou esse patamar logo em seus primeiros desenvolvimentos. Embora tenha surgido em algumas regiões do Egito, foi com os gregos que ela assumiu um caráter puramente técnico, rigoroso e sistemático, mediante a introdução dos métodos dedutivos.

O sucesso com a teoria dos números foi tal que lançou um valioso *insight* entre os grandes pensadores da Antiguidade. Esse *insight* foi o de tentar reproduzir as condições rigorosas de sistematicidade na obtenção de conhecimento. Já não se buscava mais um conhecimento sobre relações numéricas entre dias e estações do ano, movimentos celestes e figuras geométricas, mas havia questionamentos para a obtenção de conhecimento sobre coisas mais abstratas, como: "O que é a Justiça?", "O que é o Bem?", "O que é a Beleza?", "O que é Deus?", "O que é o conhecimento?" e inúmeras outras perguntas que exigem respostas mais ou menos imediatas que essas.

E assim surgiu a filosofia, como um modo sistemático de tratar racionalmente, com o máximo de rigor intelectual, os temas supracitados. O *insight*, portanto, foi o de tratar os problemas da filosofia com o mesmo rigor lógico com que a matemática era tratada, sob a expectativa de tentar obter resultados tão seguros quanto os que ela obtinha.

No início, as questões que desafiavam o intelecto humano eram de tal ordem que todas pertenciam a algum ramo da filosofia. Mas por que as disciplinas estavam organizadas em torno de um único eixo – a filosofia? Bem, no atual panorama da história do pensamento sabemos que, basicamente, o que torna uma disciplina do conhecimento humano uma ciência é o desenvolvimento e a introdução de uma metodologia específica. Seria essa a maneira de destacar quando determinada proposição, ou conjunto de proposições, é, de fato, conhecimento ou não.

Naquela época, no entanto, o que fazia com que as disciplinas fossem parte da filosofia era o fato de ela ser a única forma disponível ao homem para lidar com os problemas existentes de modo mais rigoroso, ou seja, de forma racional, sem apelar a mitos ou explicações muito vagas; ou, ainda, era a filosofia que fazia com que os problemas existentes pudessem ser tratados de forma lógica, evitando contradições e inconsistências nas explicações. Para se ter ideia, até pouco tempo, a física ainda era tratada como um ramo da filosofia. Isaac Newton deu a isso o título de *Princípios Matemáticos da Filosofia Natural* (*Philosophiae Naturalis Principia Mathematica*). A psicologia também sofreu esse processo no último século e, mais recentemente, a linguística passa por ele.

A Filosofia consiste em uma disciplina do conhecimento humano que lida com questões de fundamento, com conceitos cuja clarificação não pode ser feita dentro de um laboratório de maneira mais empírica. Muitas dessas questões dizem respeito ao tratamento de certos conceitos, cuja investigação seria impossível de qualquer outra forma. É basicamente a isso que se deve a importância do uso das ferramentas da lógica e da matemática na sistematização e na clarificação dos conceitos filosóficos.

Percebemos que a racionalidade do discurso filosófico reside no emprego de técnicas formais de definição e análise desses conceitos, no sentido de tentar solucionar os problemas e os paradoxos que se impõem e constrangem tanto o intelecto humano. Dessa forma, os elementos mínimos necessários exigidos para um discurso racional são a consistência e a validade – ou seja, tudo aquilo que falamos, pensamos e escrevemos, seja sobre fatos e eventos ordinários do dia a dia, seja sobre teorias e justificações complexas dos mais diversos âmbitos da realidade que a ciência e a filosofia abrangem, não pode nem implicar uma contradição nem ser inválido. Normalmente, dizemos que um sujeito é racional se ele tem consciência das implicações materiais e morais das próprias ações.

Síntese

Mostramos neste capítulo algumas das abordagens históricas de acordo com as quais o significado das expressões linguísticas se constituiu. Analisamos o problema de Estilpo e a resposta aristotélica a esse problema. Aprendemos que Estilpo acreditava que o fenômeno da comunicação não era possível, uma vez que apenas enunciados de identidade da forma $a = a$ eram possíveis. Acompanhamos a resposta de Aristóteles e a diferenciação de ao menos três funções da cópula verbal "é": a identidade (a única função conclamada por

Estilpo), a predicação e a existência. Vimos a importância da obra *Da Interpretação* de Aristóteles para o amadurecimento da compreensão acerca dos elementos mínimos que compõem o discurso. Para Aristóteles, uma palavra é o signo de um som falado, que, por sua vez, é o signo de uma afecção da alma. Desse modo, esse triângulo compõe a significação das palavras na filosofia aristotélica: palavra escrita + som falado + afecções da alma.

Já para alguns medievais, como Tomás de Aquino, o significado das expressões linguísticas é constituído com base em instâncias resultantes do processo de abstração dos universais por meio dos objetos particulares. O intelecto, para abstrair o conceito de *cavalo* a partir dos diversos cavalos particulares que existem, opera em diversas etapas, separando as características (ou os fantasmas) desses cavalos particulares e unindo-os na mente apenas com as instâncias universais, formando o universal "cavalo" e o significado da palavra *cavalo*. Vimos em seguida a crítica de Guilherme de Ockham feita a Tomás de Aquino, que ficou conhecida como *Navalha de Ockham*. Para o crítico, esses "fantasmas" são desnecessários para a explicação de como o intelecto apreende um conhecimento geral das coisas e atribui significado às expressões linguísticas, o que marca o nominalismo semântico.

Discutimos também sobre o empirismo no que concerne à significação, principalmente a visão de David Hume sobre como a palavra *maçã*, por exemplo, adquire significado. Segundo ele, das coisas nós só temos as qualidades, como o vermelho, o aroma e o sabor da maçã. O que provoca a conjunção constante na experiência dessas ideias é o fato de elas permanecerem unidas na consciência, e é a esse conjunto de ideias que damos o nome de *maçã*.

Por fim, discorremos um pouco sobre a origem e o desenvolvimento do pensamento filosófico. Vimos que a filosofia tem um parentesco muito próximo com a matemática, uma vez que aquela era uma proposta de aplicação do rigor e da sistematicidade característicos da matemática, mas usados para tratar problemas sobre o ser, a alma humana, a virtude e a beleza, e não apenas sobre as relações entre números e formas geométricas.

Indicações culturais

Filme

SÓCRATES. Direção: Roberto Rossellini. Espanha: Versátil, 1971. 120 min.

Esse filme (uma cinebiografia) narra a trajetória do maior filósofo da Antiguidade, aquele que foi mestre de Platão e pai das ciências morais e éticas: Sócrates. No filme, podemos acompanhar o fim da vida do filósofo grego, incluindo o julgamento e a condenação à morte. É composto quase que totalmente por diálogos baseados nos diálogos escritos por Platão, além de uma breve encenação da comédia As *nuvens*, de Aristófanes. É uma bela produção levada a cabo pelo grande diretor Roberto Rossellini.

Livro

WARBURTON, N. **Elementos básicos de filosofia**. Lisboa: Gradiva, 2007.

O que é filosofia? Qual é a sua natureza? É ela definida pelos problemas com os quais lida? É possível oferecer uma definição necessária e suficiente que dê conta de abranger todos os seus ramos e segmentos? Nesse livro, Nigel Warburton trata de maneira simples questões como essas, bem como problemas centrais da filosofia, e traça um panorama bastante acessível e interessante dos seus múltiplos aspectos, trazendo ao leitor uma abordagem concisa e instrutiva da natureza desse que é um dos principais ramos do pensamento.

Atividades de autoavaliação

1. De acordo com o problema de Estilpo, assinale a alternativa verdadeira:
   a) Trata-se de um problema ontológico.
   b) É o problema de saber como é possível a comunicação.
   c) Trata-se de um problema sobre a predicação.
   d) Diz respeito à semântica.
   e) Trata-se da impossibilidade de dizer o falso.

2. O que é o problema de Estilpo?
   a) É um problema sobre a possibilidade da predicação.
   b) É um problema sobre a natureza da verdade.
   c) É um problema sobre a necessidade dos significados.
   d) Trata-se de uma falácia retórica.
   e) Corresponde a uma contradição formal.

3. De acordo com Aristóteles, qual é o erro no argumento de Estilpo?
   a) Analisar a linguagem como um organismo vivo.
   b) Afirmar que a semântica é fruto da pragmática.
   c) Não observar que a cópula verbal tem mais de uma função.
   d) Afirmar que palavras não têm significados.
   e) Todas as alternativas anteriores estão corretas.

4. Quais são as três funções da cópula verbal?
   a) Sintática, semântica e pragmática.
   b) Universal, geral e particular.
   c) Palavra, signo e objeto.
   d) Identidade, predicação e existência.
   e) Sintético, analítico e *a priori*.

5. Segundo o texto, quais são os componentes básicos do discurso para Aristóteles?
   a) Nome, verbo, ação e período.
   b) Nome, verbo, afirmação, asserção e sentença.
   c) Nome, verbo, oração, sentença e parágrafo.
   d) Nome, descrição, indexical e demonstrativo.
   e) Nome, oração, adjunto e período.

6. De acordo com o texto, o que é uma contradição para Aristóteles?
   a) É dizer, daquilo que é, que é verdadeiro.
   b) É dizer, daquilo que é, que é falso.
   c) Consiste em afirmar e negar em tempos diferentes uma propriedade de um objeto.
   d) É negar e afirmar algo simultaneamente de objetos diferentes.
   e) Consiste em negar e afirmar uma mesma característica acerca de algum objeto simultaneamente.

7. O que é necessário para se ter conhecimento acerca de algum conceito para Tomás de Aquino?
   a) Para ter o conhecimento de um conceito, nosso intelecto necessita antes entrar em contato com todas as formas universais abstratas às quais pertence esse conceito.
   b) Não há universais; segundo Tomás de Aquino, são meros nomes.
   c) O conhecimento se dá diretamente por meio dos sentidos.
   d) Pelo contato linguístico com o universal que o conceito designa.
   e) Nenhuma das alternativas anteriores está correta.

8. Quais são os princípios que conferem unidade às ideias sob uma expressão, segundo Hume?
   a) Contingência espaçocultural.
   b) Contingência espaçotemporal.
   c) Contiguidade espaçotemporal.
   d) Necessidade e contingência.
   e) Princípio da causa primeira.

9. De acordo com o Hume, quais são as principais características da matemática que a filosofia tenta aplicar na busca por conhecimento?
   a) Exatidão e simplicidade.
   b) Rigor e sistematicidade.
   c) Rigor e exatidão.
   d) Simplicidade e sistematicidade.
   e) Nenhuma das alternativas anteriores está correta.

10. Segundo Hume, quais são os elementos mínimos exigidos por um discurso racional?
    a) Consistência e validade.
    b) Consistência e legitimidade.
    c) Validade e não contradição.
    d) Identidade e validade.
    e) Contradição e inconsistência.

Atividades de aprendizagem

1. Explique qual é o problema de Estilpo. Por que esse problema não parece estar em harmonia com o modo como falamos cotidianamente?

2. Qual é a solução de Aristóteles ao problema de Estilpo?

3. O que é uma contradição para Aristóteles? Explique, dando um exemplo prático.

4. Qual é a principal doutrina do empirismo britânico e como Hume explica a significação?

5. Explique a teoria da abstração de Tomás de Aquino.

Atividades aplicadas: prática

1. Faça um fichamento dos três principais períodos na história da filosofia abrangidos no texto, comentando como, em cada um deles, foi concebida a noção de significado.

II

Frege e a filosofia da linguagem
no século XX

Quando falamos sobre um nome, o que existe por trás dele? É a referência, a relação entre um nome e um objeto, uma relação entre apenas esses dois elementos ou existe algo mais? A referência de um nome, o objeto o qual ele nomeia, pode explicar o significado desses nomes na linguagem?

Neste capítulo, discorreremos sobre a vida e o trabalho de um dos maiores filósofos da linguagem, bem como sobre sua teoria matemática. Conheceremos também a relação entre a matemática e a lógica, dando ênfase, principalmente, às respostas para as questões que foram levantadas. Veremos que os conceitos com base nos quais se originam essas respostas consistem na famosa distinção entre sentido e referência.

2.1 Vida e obra

Embora os estudos que envolvem a linguagem tenham surgido na Antiguidade e tido um longo tratamento através da história da filosofia, foi apenas no século XX que eles adquiriram corpo e se tornaram uma disciplina filosófica por excelência.

Não é exagero dizer que tudo que se faz em filosofia de linguagem (ou, ainda, que toda filosofia da linguagem feita no século XX) pressupõe ou começa com as ideias do grande lógico, matemático e filósofo Gottlob Frege (1848-1925). Isso porque praticamente toda ela se define como uma aproximação ou um afastamento das ideias básicas de Frege. Toda discussão que veio depois, com nomes como Saul Kripke, John Perry, Keith Donnellan, Scott Soames e Nathan Salmon, operou uma revisão nas concepções fundamentais fregeanas, funcionando como uma espécie de reação ao paradigma que o autor sugeriu.

> **Para saber mais**
>
> Entendemos paradigma no sentido de Thomas Kuhn (2003), que o definia como um conjunto de crenças, conceitos, teses e valores científicos compartilhados por um grupo de pesquisadores, que não são necessariamente da mesma área da filosofia, mas também da linguística, das neurociências e das ciências cognitivas de modo geral.

O filósofo alemão Gottlob Frege nasceu em 1848. Ele estudou na Universidade de Gotinga, na Alemanha, onde se graduou e completou o doutorado em 1873, terminando a habilitação em matemática. Também estudou na Universidade de Jena, na Alemanha, onde se tornou professor e lecionou durante certo período, tornando-se catedrático apenas em 1879 e permanecendo lá até a morte.

Frege não recebeu durante a vida o prestígio que possui hoje, pois não era muito bem compreendido por seus contemporâneos. Porém, é hoje considerado, ao lado de Aristóteles, um dos maiores lógicos de todos os tempos. Sua pesquisa inicial tinha como foco principalmente a busca por uma fundamentação da aritmética e da matemática.

Frege se perguntava inicialmente questões como: "O que é um número?", "O que é uma função?", "O que é um conjunto?". Assim, a fim de dar cabo ao propósito de fundamentar a aritmética e a matemática, criou uma simbologia com base em elementos derivados da lógica de Aristóteles. Acabou, assim, expandindo-a de maneira brilhante e acrescentando elementos que tornariam a lógica aristotélica nova, muito mais rica, apurada e universal, como nunca antes.

Sua primeira obra, na qual apresenta essa expansão da lógica, recebeu o nome em alemão de *Begriffsschrift* (1879), em português, *Conceitografia*. É nesse livro que se encontra o simbolismo que mais tarde foi chamado, como até hoje é conhecido, de *lógica clássica de predicados*. Mesmo incompreendido pelos colegas, ele continuou os estudos em matemática e publicou, em 1884, *Die Grundlagen der Arithmetik* (*Os fundamentos da aritmética*). Em 1903, publicou o segundo volume de *Grundgesetze der Arithmetik* (*Leis básicas da aritmética*). Foi justamente nesses dois livros que Frege buscou deduzir, com base no uso dos axiomas de seu simbolismo, todas as leis da aritmética.

Foi acerca do sistema apresentado nesse livro que Bertrand Russell (1903) mostrou como era possível derivar um paradoxo.

O paradoxo podia ser derivado da lei número V do sistema de Frege. Basicamente, o que essa lei estabelece é que os predicados Gx e Fx têm a mesma extensão se, e apenas se, $\forall x(Fx \leftrightarrow Gx)$.

Em outras palavras, o conjunto formado pelas coisas que são Fs é o mesmo das que são Gs, apenas se cada coisa que é um F for um G e cada coisa que possuir o predicado G possuir também o predicado F.

Tome o seguinte exemplo: suponha dois conjuntos de objetos (ou seres vivos, para ser mais intuitivo). O primeiro deles é o conjunto das criaturas que possuem coração, incluindo mamíferos, aves e peixes. Digamos que esse conjunto seja representado pela letra G. Assim, o que a expressão Gx representa é uma função que cada criatura que possui coração pode satisfazer. Digamos que nomeamos todas as criaturas com letras minúsculas: a, b, c. Podemos trocar a letra x por cada uma das letras que nomeiam essas criaturas, resultando assim em Ga, Gb, Gc.

Agora, suponhamos que Fx seja o segundo grupo e represente as criaturas com rins. Então, nomeamos todas as criaturas pelas expressões Fa, Fb, Fc e queremos dizer que a, b e c possuem rins. Nos referimos ao fato biológico de que todos os seres com coração possuem rins e todos os seres com rins possuem coração. Dessa maneira, como veremos mais adiante, com a explicação da simbologia da lógica de Frege, a expressão lógica $\forall x\ (Fx \leftrightarrow Gx)$ significa que tudo que possui rins possui coração e vice-versa.

Dessa maneira, o conjunto G possui o conjunto F (ou seja, tem F como membro) e o conjunto F possui o conjunto G (tem o conjunto G como membro). Então, se F tem G como membro e G tem F como membro, os conjuntos são coextensionais[1], possuem a mesma extensão. Então, se todo elemento que pertence ao conjunto G pertence ao conjunto F e vice-versa, extensionalmente falando, ou seja, em termos apenas dos objetos que satisfazem o conjunto, podemos dizer que são o mesmo conjunto. Podemos dizer mais, pois, se $F = G$ e F contém G, esse é um conjunto que pertence a si mesmo.

Contudo, Russell (1903) chamou atenção para "o conjunto das coisas que não são membros de si mesmos", ou, em termos mais formais, "o conjunto das coisas x, tal que x não pertence a si mesmo". Acontece que o sistema de Frege implica que um conjunto assim definido é e não é um membro de si mesmo, o que se caracteriza como uma inconsistência. Frege recebeu uma carta na qual Russell apresentava o problema pouco antes de terminar de escrever o segundo volume dos *Fundamentos da aritmética*. Contudo, esse evento não alterou a credibilidade do criador da lógica moderna.

2.2 A lógica moderna

Os primeiros desenvolvimentos da lógica se devem a Aristóteles, pois foi quem, talvez pela primeira vez, idealizou uma linguagem perfeita, por meio da qual pudesse ser calculada a verdade de qualquer

---

1 Usaremos as expressões *intensional* e *extensional* (com a letra *s*), diferentemente da expressão *intencional* (com c). *Intensão* (com s) é a "porção" de uma expressão linguística que diz respeito ao seu significado; a *extensão* de uma expressão linguística é a sua referência ou os objetos que satisfazem aquela expressão.

proposição com base em suas premissas. Algumas distinções foram acrescidas por Gottfried Wilhelm Leibniz (1646-1716); mas, como Immanuel Kant apontou, essas não passaram de meras sutilezas e não representaram um avanço legítimo nem à ideia de uma linguagem universal nem à lógica simplesmente.

Mas foi Frege quem, levando essa ideia adiante, deu sequência ao projeto de uma linguagem do pensamento e de um *calculus rational*[2]. O pensador forneceu os fundamentos da lógica moderna ao desenvolver um método mais perspícuo de representar a lógica do pensamento e suas inferências. Ele fez isso desenvolvendo:

» um sistema que permitia o estudo das inferências formalmente;
» uma análise das sentenças complexas e das frases quantificadas;
» uma análise das noções de prova e de definição.

Na verdade, Frege de fato inventou a lógica axiomática de predicados, e essa invenção se deve, em grande medida, à invenção das variáveis quantificadas $\forall x$, $\exists y$[3], que eventualmente se tornaram fundamentais em matemática e lógica.

---

2 O *calculus rational* foi primeiramente uma ideia de Leibniz, de acordo com a qual todas as verdades poderiam ser deduzidas com base em certas leis universais do raciocínio, de acordo com as quais o pensamento humano tem por base o estabelecimento das leis da ciência que governam a natureza.

3 Variáveis quantificadas são simbolizadas geralmente pelas letras x, y, z. Elas representam um lugar que pode ser ocupado por indivíduos, que por sua vez são representados por constantes individuais, a, b, c. Assim, $\exists x Gx$ representa a informação de que algo é G e Ga representa a informação de que o indivíduo representado pela constante a é G.

> **Para saber mais**
>
> A lógica axiomática consiste em um cálculo do raciocínio que parte de axiomas, princípios verdadeiros ou autoevidentes, ou seja, cuja verdade é evidente por si mesma sem depender de deduções por meio de princípios ainda mais básicos.

A lógica, mesmo anteriormente a Frege, tinha de lidar com as constantes lógicas e com os conectivos lógicos "ou", "se, então", "não", "alguns" e "todos", mas as iterações entre essas operações eram pouco conhecidas, principalmente entre "todos" e "alguns". Distinções simples como "cada garoto ama uma menina" e "algum garoto", "ama uma menina", que só podiam ser representadas de modo muito artificial, podem, pela lógica de Frege, ser representadas de modo muito mais natural.

2.3 Sintaxe do cálculo de predicados de 1ª ordem

Empregamos aqui a simbologia que é usada hoje em dia. Essa escolha se justifica pelo fato de que a simbologia usada por Frege era diferente em alguns aspectos, enquanto a que escolhemos preserva completamente a riqueza conceitual da notação original do matemático. A lógica se divide em duas partes: uma sintática e uma semântica.

A sintaxe de uma linguagem, seja ela qual for, mesmo a linguagem da lógica, consiste previamente em um conjunto de regras que estabelecem quais são as sentenças bem formadas da linguagem.

Assim, veremos agora quais são os símbolos da linguagem e como organizá-los de modo a formar frases ou sentenças bem elaboradas.

Símbolos da linguagem

Constantes individuais: $a, b, c\ldots$
Variáveis quantificáveis: $x, y, z\ldots$
Letras predicativas: $F, P, Q\ldots$
Constantes lógicas: $\vee, \&, \rightarrow, \neg, \equiv$
Operadores quantificacionais: $\forall, \exists$
Parênteses: (,)
Símbolo de identidade: $=$

As constantes individuais representam indivíduos do domínio, o conjunto dos objetos que existem. Dessa forma, para cada constante individual, há um único indivíduo no domínio que ela representa. Podemos, assim, convencionar que o nosso domínio possui apenas três indivíduos; portanto, precisaremos de três constantes individuais, digamos, 'a', 'b' e 'c'. Assim, diremos que 'a' representa Aristóteles; 'b' Sócrates; e 'c' Platão.

Podemos afirmar que Sócrates é filósofo, definindo a propriedade F para filósofo e combinando-a com a constante individual que representa Sócrates: Fb. Objetos variáveis individuais ou quantificáveis auxiliam na representação da generalidade, juntamente com os quantificadores. Assim, para representar formalmente que "todo indivíduo é um filósofo F" e para não termos de colocar ao lado do símbolo predicativo F todas as constantes a, b, c, empregamos a seguinte combinação de símbolos: $\forall x Fx$. Com isso, estamos dizendo que todos os indivíduos no domínio são filósofos.

As constantes lógicas V, &, →, ¬, ≡[4], com exceção da negação ¬, são uma espécie de conectivo, pois juntam sentenças simples para formar outras complexas. A primeira delas é a disjunção "V", similar ao "ou" da linguagem natural. Podemos pensar de duas formas a disjunção: como exclusiva ou inclusiva. A conjunção "&" equivale ao "e" da linguagem natural. A implicação, "→", equivale a "se, então", e a negação "¬" ao "não". Por fim, a equivalência "≡" corresponde a uma implicação em ambos os sentidos.

As seguintes combinações de símbolos representam fórmulas bem elaboradas do cálculo de predicados de 1ª ordem:

---

4 As constantes lógicas têm esse nome porque sua interpretação nunca muda em relação ao sistema dentro do qual elas são introduzidas e definidas, ou seja, permanece constante. Também são chamadas de *conectivos lógicos*, pois conectam fórmulas bem formadas, como as apresentadas anteriormente.

a = a
Fa, Fb, Pa…
∀xFx
∃yFy
¬ Fa
Fa∨Fb
Fa & Fb
Fa → Fb
Fa ≡ Fb
((Fa∨Fb) ∨(Fa∨Fb))[5]

---

5 Todos os símbolos lógicos possuem equivalentes na linguagem ordinária ou representam expressões da linguagem ordinária. Apresentamos alguns exemplos concretos: o primeiro é a identidade a = a; digamos que 'a' representa Sócrates, assim, o que a = a representa é que Sócrates é idêntico a Sócrates ou que Sócrates = Sócrates. Na sequência, temos as fórmulas bem formadas Fa, Fb, Pa; elas representam de acordo com o que é estabelecido na interpretação; não são constantes lógicas, pois seu "significado" pode variar. Podemos estabelecer que F representa o predicado *filósofo* e 'a' representa *Sócrates*; assim, Fa representa que Sócrates é filósofo (a cópula verbal "é" é suprimida na representação lógica). A fórmula bem formada ∀xFx, que possui o quantificador universal ∀ (para todo), representa que todos os indivíduos no domínio são mortais (o que não precisa necessariamente representar uma verdade). A fórmula ∃yFy representa que existe algum x (algum indivíduo) que é filósofo, por exemplo 'a', que assumimos representar Sócrates. ¬ Fa representa a informação de que é falso que Sócrates é filósofo (mais uma vez, não precisamos nos comprometer com a verdade da fórmula, apenas compreender o que ela significa). Estabelecemos que Fa representa que Sócrates é filósofo; então, acrescentar o sinal de negação '¬' representa a informação de que é falso Sócrates é um filósofo. Fa∨Fb representa que ou Sócrates é filósofo ou (∨) Platão é filósofo (tomando a constante b representando Platão). Fa & Fb representa que Sócrates é filósofo e Platão é filósofo. Fa → Fb, por sua vez, representa que se Sócrates é filósofo então Platão é filósofo. Fa ≡ Fb representa a informação de que Sócrates ser filósofo equivale a Platão ser filósofo. E, por fim, ((Fa∨Fb) ∨ (Fa∨Fb)) pode ser lida como ou Platão é filósofo ou Sócrates é filósofo ou Platão é filósofo ou Sócrates é filósofo.

2.4 Axiomas

Dissemos anteriormente que Frege foi responsável pela criação da teoria axiomática da lógica. Mas o que é um *axioma*? Basicamente, um axioma é uma lei ou um princípio que não pode ser derivado logicamente de outros princípios – ou seja, são verdades universalmente válidas. Axiomas são empregados principalmente na construção de teorias científicas como a matemática e a física. Eles são extremamente importantes não apenas na construção dessas teorias, mas também na definição do que é uma teoria científica. Bas van Fraassen (2007), reconhecido filósofo da ciência, define uma teoria científica, no sentido geral, como uma família de modelos axiomatizada; ou seja, o que define o que é uma teoria científica é uma base axiomática interpretada por um conjunto de modelos (Fraassen, 2007).

A lógica clássica também possui uma base axiomática. Por isso, apresentaremos alguns dos axiomas e tentaremos explicá-los.

(p → p) Identidade

¬ (p & ¬ p) não contradição

(p ∨ ¬p) terceiro excluído

O princípio de identidade (p → p) pode ser lido como "se faz sol então faz sol" ou "se Sócrates é filósofo então Sócrates é filósofo". O princípio de não contradição ¬ (p & ¬ p) representa que "é falso que Sócrates é filósofo e Sócrates não é filósofo". Por último, o princípio de terceiro excluído (p ∨ ¬ p) significa que, "ou bem Sócrates é filósofo ou bem Sócrates não é filósofo".

Outro ponto importante é que foi por meio da lógica fregeana que os princípios clássicos puderam ter uma formalização. Os três exemplos citados são os axiomas clássicos da lógica aristotélica. O primeiro é o princípio de identidade, que estabelece que tudo é idêntico a si mesmo, dado apanhado pela intuição de que se algo é o mesmo caso de "p", então é o mesmo que "p", o que é um pensamento bastante trivial. O princípio ou axioma da não contradição refere-se ao fato de que, como foi comentado antes, um objeto não pode ter e não ter uma propriedade ao mesmo tempo. O axioma do terceiro excluído representa a característica lógica de que só é possível uma proposição ser verdadeira ou falsa; não é aceito um terceiro valor de verdade nem a ideia de que a proposição não tenha valor algum.

2.5 Sobre o sentido e a referência

Quando falamos de Frege em filosofia da linguagem, o que é fundamental é a famosa distinção entre sentido e referência, apresentada pela primeira vez no artigo *Sobre o sentido e a referência* (1978). De modo geral, *sentido* é a tradução do termo alemão *sinn* e *referência* (ou denotação) é a tradução de *bedeutung*. É fundamental, então, entender o que Frege queria dizer com *sentido* e *referência*. Dentro desse binômio, o que nos interessa é a noção de sentido, pois a noção de referência é muito mais intuitiva. Basta pensarmos: é muito mais fácil de se compreender o que é a referência de um nome próprio do que aquilo que seria o sentido de um nome próprio[6].

2.6 Referência

A referência de um nome é algo muito mais natural que a linguagem. Essa é uma ideia básica, quase fundamental, já que o âmbito da referência consiste do campo das coisas das quais as partículas linguísticas tratam.

Em geral, esses diferentes tipos de partículas linguísticas se ligam a diferentes tipos de coisas. Essas coisas, por sua vez, são justamente aquilo que compõe a realidade extralinguística à qual as partículas linguísticas se ligam ou significam, em um sentido ainda não técnico de significado.

Frege, assim, decidiu chamar de *referência – bedeutung* – aquelas coisas às quais as expressões da linguagem se ligam, se reportam ou se referem. Por isso, podemos falar em um termo intuitivo.

É intuitivo compreender a referência de um nome ou o que é a referência de um nome, pois, basicamente, a linguagem se desenvolveu dessa forma, com expressões simples, que se referem a objetos que se encontram ao nosso redor, como *árvore*, *pedra*, *homem*, *animal*.

---

[6] Nomes próprios são nomes simples, como nomes de pessoas: João, Maria, Helena; nomes de ruas como XV de Novembro, São Francisco; cidades como Curitiba, Palmas, Guarapuava; acidentes geográficos como rio Nilo, montanha K12. Enfim, tudo que represente um indivíduo no sentido metafísico.

2.7 Termos singulares

A concepção de referência fica ainda mais intuitiva quando nos restringimos àquilo que é chamado, em filosofia da linguagem, de *termos singulares*. Por oposição a termos não singulares, aqueles são termos que pretendem se referir a um único indivíduo, a um particular. Já um termo não singular, ou geral, é um termo que pretende se referir ou significar um universal, no sentido metafísico[7], algo que não é um indivíduo.

De modo mais técnico, usando a linguagem da lógica, podemos dizer que tanto termos singulares quanto termos não singulares, ou gerais, possuem uma extensão, que nada mais é do que aquilo ao que o termo se refere em dado contexto de uso. Assim, a extensão de um termo singular sempre vai ser um único indivíduo, enquanto a extensão de um termo não singular, ou geral, será, na maioria das vezes, mais de um indivíduo.

Pode ser que existam termos singulares de outros tipos, mas, em geral, os termos singulares que mais preocuparam e ainda chamam

---

7 A distinção metafísica mais aceita entre um particular e um universal é a seguinte: um universal corresponde a algo que na realidade pode ser predicado de objetos, ou seja, o universal "homem" é predicado de todos os indivíduos que são seres humanos. Digamos que haja três pessoas em uma sala, o "ser homem" ou o "'ser humano" é aquilo que há em comum entre os três indivíduos na sala, é aquilo que é predicável dos três. Já um particular é algo que não pode ser predicado de mais nada. Se aceitarmos que a realidade pode ser dividida em hierarquias ou graus ontológicos, tais que no grau 0 estão indivíduos particulares, pessoas, cadeiras, pedras, animais, de alguns desses podemos predicar a bondade, por exemplo. Podemos dizer que Francisco é bondoso. Nesse sentido, no nível 0 está Francisco e, no nível 1, a bondade, que é o que predicamos de Francisco. Mas podemos ir além e dizer que a bondade é uma virtude. Assim, enquanto no nível 1 está a bondade, há também um nível 2, no qual se encontra a virtude, que, por sua vez, se predica de bondade, que se predica de João. Dessa forma, um indivíduo particular é aquilo que não pode ser predicado de nenhum outro objeto na realidade.

a atenção dos filósofos da linguagem desde Frege são de três tipos: nomes próprios, descrições definidas e indexicais[8].

O primeiro tipo, nomes próprios, em um sentido amplo, refere-se a nomes de pessoas, animais, ruas, praças e acidentes geográficos, como rios e montanhas – ou seja, qualquer nome que seja o nome de um particular no sentido metafísico.

O segundo tipo de termos singulares é o das descrições definidas. Dizem respeito às descrições que isolam um único indivíduo com o auxílio de termos gerais, ou conceitos, começando com o artigo definido *o/a*. São expressões desses tipos:

» "o último rei da França"
» "o mais famoso orador romano"
» "o escritor de *Os acadêmicos*"

Obviamente, descrições definidas são caracterizadas em oposição a descrições não definidas, como "um curitibano", "um rei", "um escritor", que não capturam um único indivíduo. Filosoficamente, então, uma descrição definida é algo do seguinte tipo: o x tal que *Fx*. De modo formal, uma descrição definida pode ser compreendida como uma proposição geral complexa. É geral pois não é *de re*[9] e porque, embora apanhe um indivíduo no mundo atual, nada impede que apanhe indivíduos diferentes em diferentes situações possíveis ou

---

8 Exemplos de nomes próprios incluem João, Maria, André; descrições definidas: "o último rei da França"; e indexicais: eu, aqui, agora, aquele.
9 *De re* consiste em uma proposição ou crença que envolve diretamente um objeto ou indivíduo particular (uma *res*), em contraposição a uma proposição ou crença *de dicto*. Esta, por sua vez, consiste em uma proposição ou crença que envolve um *dictum* – conceitos gerais que podem ou não selecionar algum indivíduo.

em diferentes mundos possíveis. Por exemplo, a descrição definida "o presidente do Brasil" atualmente se refere a Dilma Rousseff.

Uma descrição definida é uma expressão linguística geral porque pode envolver outros indivíduos. Dependendo das circunstâncias, não há uma relação necessária entre a descrição definida "o(a) presidente(a) do Brasil" e Dilma Rousseff. Vemos que essa relação é circunstancial apenas. Outro exemplo que mostra que a relação entre Dilma Rousseff e a descrição definida não é necessária é que, se pronunciássemos essa descrição em 1996, por exemplo, a referência seria outra: Fernando Henrique Cardoso.

Assim, uma descrição definida é uma expressão linguística que apanha, refere ou denota um indivíduo particular por meio de uma relação de satisfação. A referência de "o homem mais alto do mundo" é justamente daquele indivíduo que satisfaz as condições estabelecidas pela descrição definida, de haver apenas um homem mais alto do mundo.

E, finalmente, as expressões chamadas de *expressões indexicais* são aquelas cuja referência varia com o contexto, ou seja, são expressões linguísticas cujo significado ou valor semântico muda conforme o contexto. Expressões indexicais incluem dois subgrupos: o das expressões demonstrativas, como "isto", "aquilo", "aquele"; e o dos chamados *indexicais puros*, que inclui expressões como "eu", "hoje", "agora" e "aqui".

Sobre o primeiro grupo de expressões indexicais, as expressões demonstrativas, elas fazem parte de um grupo no qual geralmente utilizamos também um gesto demonstrativo, um apontar. Assim, uma expressão como "isto", por exemplo, acompanhada de um gesto demonstrativo, é um item semanticamente completo. Ela funciona como se fosse um nome, ao chamar atenção para determinado objeto acerca do qual se queira dizer algo. Contudo, diferentemente de um nome, a mesma expressão "isto" pode nos referir a outros objetos se acoplarmos a ela outro gesto demonstrativo.

Então, nossa motivação é separar essas expressões (termos singulares) do resto das expressões da linguagem e dizer o seguinte: a teoria de sentido e referência aparece com mais força e com mais vivacidade quando prestamos atenção nos termos singulares.

2.8 Sentido e referência

No início do artigo *Sobre o sentido e a referência*, Frege expõe as dificuldades de se compreender a identidade '='. "A igualdade desafia a reflexão, dando origem a questões que não são fáceis de responder. É ela uma relação? Uma relação entre objetos? Ou entre nomes ou sinais de objetos? Em minha *begriffsschrift*[10] assumi a última alternativa" (Frege, 1978, p. 129).

Frege (1967) defendeu primeiramente a teoria de que a identidade é uma relação entre nomes. A razão disso foi apresentada por ele como uma espécie de redução ao absurdo. Nesse tipo de demonstração, a intenção é provar que uma tese é falsa, assumindo-a e mostrando que a consequência de assumi-la é inaceitável.

Ao fazer isso, o autor mostrou que assumir que a identidade é uma relação entre objetos nos leva a abrir mão da distinção entre sentenças como "a = a" e "a = b". Em outras palavras, não seria

---

10 O termo do alemão *begriffsschrift* foi traduzido para o português como *conceitografia*. Nessa obra, Frege apresenta a formalização de seu sistema matemático.

necessário distinguir sentenças triviais – aquelas em que se conhece o valor de verdade, como em "Sócrates = Sócrates" – daquelas nas quais, para saber o valor de verdade, precisamos recorrer à justificação empírica, como em "Cícero = Túlio".

Assim, se a igualdade é uma relação entre objetos, não deve haver diferença entre "a = a" e "a = b", pois o que acontece nos dois casos é a mesma coisa: a afirmação de que certo objeto é idêntico a si mesmo. Dessa forma, temos razões para acreditar que a identidade não é uma relação entre objetos, mas entre nomes de objetos.

Contudo, Frege (1978) posteriormente mudou de opinião sobre essa tese. Ele voltou atrás ao afirmar que a identidade é, sim, uma relação entre objetos, e não entre nomes de objetos. A razão disso foi que, ao afirmar que a identidade é uma relação entre nomes, e não entre objetos, o conteúdo da afirmação torna irrelevante o próprio objeto. Perde-se o fundamental da identidade, uma relação reflexiva de um objeto consigo mesmo. Nesse caso, passamos a considerar apenas os nomes propriamente, e não o que eles designam. No caso em que "a" designa Cícero, a sentença "a = a" expressa a informação de que "Cícero é idêntico a ele mesmo", mas, de acordo com a doutrina metalinguística (outra forma de designar a teoria de que a identidade é uma relação entre nomes), a informação expressa seria que "o indivíduo designado por 'a' é o mesmo indivíduo designado por 'a'".

O que parece estabelecer a razão do abandono da doutrina metalinguística é que Frege talvez tivesse em mente a distinção entre *uso* e *menção*. A distinção é muito simples. Tomemos como exemplo as seguintes frases: "Sócrates era grego" e "Sócrates tem oito letras". Enquanto na primeira frase o nome "Sócrates" está sendo usado, na segunda ele está sendo apenas mencionado e, assim, invoca o próprio nome "Sócrates"; a frase trata do próprio nome, e não do filósofo que foi mestre de Platão.

Portanto, a primeira solução ao problema sobre a informatividade foi dizer que a relação é entre os nomes, que são diferentes, e essa é justamente o que parece ser a diferença entre as duas frases. Mas essa teoria foi abandonada por Frege porque põe a perder o principal das afirmações, que é o próprio objeto, além de operar uma confusão entre uso e menção.

Assim, a alternativa foi voltar a afirmar que a identidade é, sim, do ponto de vista semântico-linguístico, uma relação do objeto consigo mesmo. Porém, novamente temos o problema: explicar a diferença entre as duas, porque "a = a" e "a = b" diferem em valor cognitivo. Por exemplo, uma coisa é dizer que "Sócrates = Sócrates", que é trivial e não comunica nada novo, já "Cícero = Túlio" é cognitivamente mais rico, pois envolve uma informação que deve ser processada pelo falante para que compreenda que se trata de uma única pessoa.

A segunda solução de Frege foi reconhecer, nos termos singulares, que não podemos nos satisfazer apenas com a referência; temos de reconhecer que, além de ter uma referência, além de estar apontando para um objeto, há algo por trás dele, alguma outra dimensão. Caso contrário, não teríamos explicações de certos fenômenos cognitivos da linguagem, como a informatividade da frase "a estrela da manhã é a estrela da tarde", que é uma identidade altamente informativa e não trivial da forma "a = b". Essa dimensão corresponderia à informatividade dos termos singulares da linguagem, à diferença epistêmica entre "a = a" e "a = b", porque uma é *a priori* e a outra *a posteriori*. É também o que responde o problema cognitivo: Como é possível que alguém não reconheça ao mesmo tempo o valor de verdade de ambas as frases? O próximo parágrafo é uma tentativa de explicar essa informatividade.

Na Antiguidade, as pessoas usavam a expressão *Hesperos* para se referir ao planeta Vênus, basicamente porque, como sabemos, é o planeta mais brilhante nas primeiras horas da manhã; e usavam a expressão *Phosphorus* para se referir ao mesmo corpo celeste nas primeiras horas da noite. Sendo assim, usavam duas expressões para se referir a Vênus, justamente porque não sabiam que se tratava de uma única e mesma entidade. Somente em algum momento ao longo da história as pessoas se deram conta de que era o mesmo corpo celeste, e isso foi uma descoberta impressionante. Hoje, é uma informação que todos conhecem.

Algumas culturas, principalmente no passado, acreditavam que a cada manhã aparecia um sol novo, uma nova entidade, e que todas as manhãs os deuses se juntavam para jogar um novo corpo celeste no céu. O fato de que o mesmo sol aparece todos os dias foi outra descoberta astronômica importante, portanto. Antes disso, porém, aquilo que se chamava *estrela da manhã* é a mesma coisa que se chamava *estrela da tarde*.

Digamos que saber que "a estrela da manhã é a estrela da tarde" não é um conhecimento trivial, é uma identidade do tipo "a = b", do ponto de vista lógico; ou seja, ela representa, ela tem um valor cognitivo altamente não trivial, não é algo que se conhece *a priori*. Se fosse algo *a priori*, bastaria começarmos a pensar sobre o significado de estrela da manhã e sobre o significado de estrela da tarde e chegaríamos à mesma conclusão: a estrela da manhã é a estrela da tarde. Entretanto, esse tipo de verdade não foi descoberto desse modo; aliás, nem pode ser descoberto desse modo. Essa verdade foi descoberta depois de muitos séculos de observação astronômica.

Podemos continuar com mais exemplos. Embora hoje em dia qualquer criança saiba que água é H_2O, essa também não é uma verdade trivial, pois representou uma importante descoberta, fundamental para a química. Aqui temos também uma identidade do tipo "a = b", algo altamente não trivial e que, além disso, pode ser falso. É claro que dado tudo que sabemos até hoje, temos fortes evidências para continuar acreditando nisso. O fato é que essa identidade, assim como a anterior, é altamente informativa, por oposição a uma identidade como "a estrela da manhã é a estrela da manhã", que é do tipo "a = a".

Foi em meio a pensamentos como esses que Frege se perguntou: se a estrela da manhã está se referindo a um corpo celeste que é Vênus e a estrela da tarde está se referindo a um mesmo corpo celeste, que também é Vênus, então por que aquilo é informativo e isso não? A resposta é simples. Isso não é informativo porque, para saber que um objeto é idêntico a si mesmo, você não precisa fazer nenhum tipo de investigação astronômica, nenhum tipo de observação, basta saber que a estrela da manhã é autoidêntica. Então, para usar a terminologia de Frege, isso "não envolve nenhum valor, nem nenhuma extensão do nosso conhecimento" (Frege, 1978, p. 129).

Essas informações seriam aquelas às quais recorremos para investigar o valor de verdade de frases ou de enunciados do tipo "a = b". Tratamos de informações que podemos apenas adquirir empiricamente por meio da experiência, ou seja, precisamos usar nossos sentidos, precisamos proceder uma observação e, talvez mais, precisamos ampliar o nosso poder de observação. Usaríamos telescópios no caso de Vênus e microscópios no caso da água.

Assim, frases do tipo "a = a", como "a estrela da manhã é igual à estrela da manhã", não representam nenhuma novidade, nenhuma descoberta fundamental para a humanidade. Da mesma maneira, "a estrela da manhã é a estrela da tarde" é uma descoberta fundamental para a humanidade, pois tem um conteúdo cognitivo altamente não trivial, ainda que o objeto referido em todos os casos seja o mesmo.

Esse é um fenômeno que está ligado a um importante epistêmico do uso da linguagem: a linguagem não apenas está falando das coisas, mas também está codificando conhecimento, codificando informação.

Mas como explicar isso? A referência por si só não basta porque, nesse caso, "a estrela da manhã é a estrela da tarde" tem a mesma referência, que é o mesmo que acontece em "a estrela da manhã é a estrela da manhã". Nesse caso, seria preciso, de acordo com Frege (1978), haver algo mais, outra dimensão. Isso deve acontecer tanto para a estrela da manhã quanto para a estrela da tarde, para dar conta do valor cognitivo codificado na linguagem.

Para explicar essa dimensão a mais, esse algo a mais, Frege apresenta várias metáforas. Algumas vezes ele fala em uma perspectiva para a referência; em outras, fala sobre o caminho para a referência, o seu modo de apresentação. É justamente esse algo a mais que ele chama de sentido – *sinn*. Então, "a estrela da manhã é a estrela da tarde" é uma identidade não trivial, é uma identidade altamente informativa, e isso porque "a estrela da manhã" tem um *sinn*, um sentido, uma perspectiva para referência, que é diferente do sentido de "a estrela da tarde".

A diferença dessa perspectiva, desse modo de apresentação, desse *sinn*, é o que explica o importe epistêmico da linguagem.

É assim que também temos acesso a mais explicações, como sobre o fenômeno da diferença cognitiva na linguagem ou sobre como a primeira identidade é altamente informativa, mas a segunda não é. A causa desses fenômenos, desse valor epistêmico da linguagem, é explicada pelos sentidos associados a eles.

Mas as explicações não param por aí. A teoria fregeana dos sentidos tem inúmeros pontos positivos, além de ser muito elegante, pois explica de maneira muito sucinta uma série de fenômenos pertencentes à linguagem. Obviamente, a primeira função dos sentidos fregeanos é explicar os diferentes aspectos cognitivos de nomes próprios, predicados e frases. No caso de nomes como *Cícero* e *Túlio*, por exemplo, que se referem à mesma pessoa, os sentidos explicam como é possível algum falante competente bem instruído crer sinceramente que Cícero é um orador e ao mesmo tempo não crer, ou pelo menos permanecer agnóstico, em relação ao valor de verdade de que Túlio é um orador, sendo que Túlio e Cícero nomeiam o mesmo indivíduo. O sentido é justamente aquilo que explica como isso é possível. O sentido atribuído a Túlio é diferente do sentido atribuído a Cícero.

No caso de predicados, ter rim e ter coração ou, ainda, criaturas com rim e criaturas com coração – as duas expressões possuem a mesma extensão, mas, obviamente, quando pensamos em criaturas com rim e pensamos em criaturas com coração, pensamos em coisas diferentes. O que se entende com cada uma delas é diferente; elas têm a mesma referência, mas, nesse caso, o sentido de cada uma é diferente, o aspecto cognitivo é diferente. Seria essa a primeira função da noção de sentido, explicar o aspecto cognitivo da linguagem, aquilo que entendemos quando entendemos uma expressão da linguagem.

Outra função da noção de sentido fregeana é explicar a noção clássica de proposição. O que é uma proposição, classicamente? É aquilo que entendemos quando captamos uma sentença completa; aquilo que somos capazes de afirmar, negar, duvidar; aquilo que temos de entender para poder julgar o valor de verdade de um juízo, para dar o nosso assentimento; aquilo que temos e que se chama, em filosofia, *atitudes epistêmicas*; uma atitude como sujeito cognoscente em relação a alguma coisa, a algum conteúdo.

Mas que conteúdo seria esse? Isso é o que os filósofos entendem por uma proposição. E o que é, então, uma *proposição*? A explicação de Frege é de que uma proposição é o sentido de uma sentença completa, o que ele chama de *pensamento*, que é uma composição dos sentidos das partes da sentença. O nome "a estrela da manhã" tem um sentido S1, o nome "a estrela da tarde" tem um sentido S2 e "é" tem um sentido S3. E o que acontece quando entendemos o sentido dessa sentença é que compomos os sentidos das partes da sentença em nossa cabeça. Então, a proposição expressa por "a estrela da manhã é a estrela da tarde" é uma espécie de composição de S1+S2+S3.

Assim, uma proposição fregeana nada mais é do que uma composição de sentidos, e só de sentidos. Nada da referência entra nos sentidos, nenhum objeto do campo da referência entra em uma proposição fregeana, pois nossa mente não capta a referência, os objetos do campo da referência não entram no pensamento – a mente não capta referências, a mente capta apenas sentidos. Sentidos, por sua vez, são entidades intensionais. Dessa maneira, todo nome e toda expressão da linguagem têm uma intensão (com "s", em oposição à intenção com "ç"), e muitas delas possuem uma extensão. A *intensão*

é aquilo que entendemos quando captamos uma palavra e a *extensão* é aquilo a que a palavra se refere.

Mas nem todas as expressões da linguagem têm um referente. Dessa forma, conseguimos ver que o sentido tem outra função, que é explicar a comunicação. Podemos perceber isso ao observar, por exemplo, que a referência por si só também não basta para a comunicação, uma vez que não é suficiente para explicá-la. Ela não é sequer necessária à comunicação. Portanto, para que nos comuniquemos, para que uma pessoa entenda o que a outra está falando, basta que as palavras e as frases que cada uma utiliza tenham sentido, pois não precisam sequer ter referência.

Por exemplo, podemos nos perguntar o número de átomos de uma mesa ou, mais especificamente, o número de átomos da mesa em um instante t1. Quando alguém se pergunta isso, todos entendem o que está sendo perguntado – sabemos que a expressão "o número de átomos" tem uma referência, embora não saibamos exatamente qual é. É possível que consigamos comunicar e entender utilizando essa expressão, mesmo que ninguém saiba qual é a sua referência.

Um caso um pouco mais dramático seria aquele no qual não sabemos se certa expressão tem uma referência e, ainda assim, nos comunicarmos perfeitamente bem se a utilizarmos. A ciência ainda está tentando descobrir se "a menor partícula", no sentido de partícula indivisível, existe de fato, mas ainda assim é perfeitamente possível usar essa expressão de maneira legítima, de modo que qualquer um entenda aquilo que está sendo dito, mesmo sem sabermos se há ou não uma referência.

O que explica essas possibilidades, mais uma vez, é o sentido da expressão. Estamos de posse do sentido, mas não temos a referência e nem sabemos se ela existe. Um terceiro caso, ainda mais dramático, consiste daquelas expressões que sabemos bem não possuírem referência. Por exemplo, Sherlock Holmes, um personagem fictício criado pelo grandioso escritor Sir Arthur Conan Doyle. Sherlock Holmes não refere, mas tudo aquilo que está escrito nos livros é perfeitamente compreensível, comunicável, pode ser reproduzido, contado e narrado de diferentes formas por diferentes gerações. Ele sempre será o grande detetive que morou na Baker Street e que possuía um fiel ajudante chamado *Watson*, mas nenhuma dessas expressões possui uma referência.

Observamos, assim, que outra função da teoria fregeana é oferecer uma teoria geral da ficção, ou do discurso ficcional. Quando lemos uma obra, um romance, estamos em contato com uma série de sentidos, que é justamente o que explica a nossa compreensão e, consequentemente, todos os sentimentos de medo, angústia, felicidade, tristeza, horror e aflição que nos são causados por entrarmos em contato com os sentidos que são veiculados e estão codificados nas palavras e nas frases que compõem as obras de ficção.

A teoria fregeana é extremamente útil, se estendendo para a linguagem como um todo e explicando uma série muito grande de fenômenos linguísticos, como o valor cognitivo da linguagem ou o problema cognitivo, que consiste nas diferenças de valor cognitivo entre expressões com a mesma referência. A teoria também explica como a ciência, a ficção e a comunicação funcionam. Ela é, para usar uma metáfora da qual os matemáticos gostam muito, uma teoria bela, pois explica de modo unificado problemas que aparentemente não tinham uma solução comum. Uma teoria bela para os matemáticos é uma teoria simples, com um poder de explicação que transcende a simplicidade. E foi assim que a teoria fregeana gozou de um prestígio que durou até meados da década de 1960.

Síntese

Neste capítulo, tratamos um pouco sobre a vida e a obra de Gottlob Frege. Vimos que, além de filósofo, ele foi um grande matemático e lógico, o principal responsável por desenvolver a lógica aristotélica, que parecia, segundo Kant (2001), completa e acabada. Examinamos aspectos de suas doutrinas matemáticas fundamentadas na aritmética e na lógica com o cálculo de predicados de 1ª ordem. Dedicamo-nos, ainda, ao logicismo, doutrina de acordo com a qual a matemática é redutível à lógica.

Mas o principal foi justamente o trabalho com a teoria da linguagem e a distinção entre sentido e referência. A distinção consiste em uma resposta ao problema cognitivo: Como é possível um falante competente reconhecer o valor de verdade de uma frase como *"Hesperos é Hesperos"* e não reconhecer o valor de verdade de *"Hesperos é Phosphorus"*, sendo que *"Hesperos e Phosphorus"* se referem ao mesmo objeto? Esse fenômeno, que se segue da informatividade dos nomes próprios da linguagem, é resolvido apelando-se a sentidos como entidades intermediárias entre o nome e sua denotação ou referência.

Assim, quando utilizamos um nome próprio, como *Aristóteles*, por exemplo, geralmente associamos alguma informação a ele, como "o melhor aluno de Platão" ou "o mestre de Alexandre da Macedônia", que representam, do ponto de vista gramatical, uma descrição definida. Essa informação, sempre associada a um nome próprio da linguagem, é justamente aquilo que vai determinar o referente do nome, aquele único objeto que satisfaz a descrição associada ao nome. É também o dado responsável por gerar a diferença cognitiva entre as frases *"Hesperos é Hesperos"* e *"Hesperos é Phosphorus"*, pois ao nome *"Hesperos"* está associada a informação ou a descrição "a estrela da tarde", e ao nome *"Phosphorus"* a informação ou descrição definida "a estrela da manhã". Assim, o modo de apresentação, a maneira como cada objeto se apresenta, é diferente e implica a possibilidade de que alguém que não sabe que a estrela da manhã é a estrela da tarde permaneça agnóstico em relação ao valor de verdade de *"Hesperos é Phosphorus"*. A essa informação ligada ao nome Frege decidiu chamar *o sentido do nome*.

Vimos também que a noção de sentido fregeana explica de modo unificado uma série de problemas em filosofia. Além da informatividade dos nomes, explica o que é uma proposição – ou seja, aquilo em que acreditamos, que negamos ou duvidamos quando acreditamos ou, ainda, o significado expresso por uma frase, que consiste da formação dos sentidos das expressões integrantes dela e que expressa aquele significado, o que Frege chama de *pensamento*. Explica ainda a comunicação humana, que, por sua vez, é explicada em termos de sentido, quando proferimos ou enunciamos uma frase, levando em conta que o que nosso interlocutor capta são os sentidos associados que proferimos ou enunciamos. Ainda buscamos explicar a significatividade de nomes sem referência, como Sherlock Holmes, além de esclarecermos a significatividade da ficção.

Indicações culturais

Filme

ÉDIPO rei. Direção: Pier Paolo Pasolini. Itália: Universal Pictures, 1968. 102 min.

O filme conta a história da fantástica peça de teatro grega, originalmente escrita por Sófocles no século IV a.C. Aristóteles considerava que essa obra exprimia a tragédia grega em sua essência.

Questão: Qual é a relação do filme Édipo Rei com o problema de Frege? Explique.

Livro

DUTRA, L. H. A. **Filosofia da linguagem**: introdução crítica à semântica filosófica. Florianópolis: Ed. da UFSC, 2014.

Esse livro apresenta uma discussão bastante detalhada dos tópicos apresentados neste capítulo, com uma abordagem muito mais técnica e formal. Uma leitura essencial para todos aqueles que desejam se aprofundar mais nessa área, na teoria referencialista do significado.

Atividades de autoavaliação

1. O que é a referência de um nome próprio?
   a) O objeto ao qual o nome se refere.
   b) O sentido do nome.
   c) O conteúdo cognitivo do nome.
   d) Uma descrição definida.
   e) A extensão do conhecimento sobre o nome.

2. Quais são os tipos de termos singulares mais estudados?
   a) Nomes, predicados e expressões.
   b) Descrições, indexicais e demonstrativos.
   c) Nomes, indexicais e descrições definidas.
   d) Conceitos, sentido e referência.
   e) Conceitos, descrições e referência.

3. Qual é a diferença entre um termo singular e um termo geral?
   a) O termo geral se refere a um único indivíduo e o singular não pode ser predicado de nada.
   b) O termo singular possui uma extensão que consiste dos objetos que satisfazem o termo.
   c) O termo geral não se predica de mais nada e o termo singular se aplica à extensão.
   d) O termo geral possui uma extensão que consiste dos objetos que satisfazem o termo e o termo singular se aplica a um indivíduo em particular.
   e) Ambos são idênticos.

4. Qual binômio representa a famosa distinção de Frege?
   a) Referência e identidade.
   b) Sentido e representação.
   c) Sentido e referência.
   d) Referência e denotação.
   e) Referência e representação.

5. Sobre o que trata o problema cognitivo?
   a) Acerca da referência dos nomes próprios.
   b) Acerca da informatividade dos nomes na linguagem.
   c) Sobre a comunicação humana.
   d) Sobre o pensamento.
   e) Acerca dos significados das expressões linguísticas.

6. O que determina a teoria metalinguística?
   a) A identidade é uma relação entre objetos.
   b) A identidade não é reflexiva.
   c) A identidade é uma relação entre nomes de objetos.

d) A identidade é uma relação necessária.
e) A identidade dos indiscerníveis.

7. Qual é a segunda solução para o problema de Frege?
a) Nomes não têm referência.
b) Nomes não têm valor de verdade.
c) A referência de um nome próprio é o seu sentido costumeiro.
d) Reconhecer a existência de entidades intermediárias entre o nome e a referência.
e) Teoria da referência direta.

8. De acordo com Frege, qual é a diferença entre *"Hesperos é Hesperos"* e *"Hesperos é Phosphorus"*?
a) A primeira é informativa e a segunda não.
b) A primeira é *a posteriori* e a segunda é informativa.
c) A primeira é *a priori* e a segunda, *a posteriori*.
d) A primeira é verdadeira e a segunda é falsa.
e) Ambas são falsas.

9. O que são *proposições*, de acordo com a teoria de Frege?
a) São os pensamentos expressos pelas sentenças.
b) São os valores de verdade da sentença.
c) São os axiomas da teoria científica.
d) São as informações implicadas pela frase.
e) São as implicaturas conversacionais transmitidas pela asserção.

10. Quais são as vantagens da teoria fregeana?
a) Explicar o que é uma teoria científica.
b) Explicar o que são proposições, informatividade da ficção e comunicação.

c) Derivar a matemática.
d) Derivar a aritmética.
e) Explicar a sintaxe gramatical.

Atividades de aprendizagem

1. Explique o problema de Frege. Dê exemplos da vida prática em que cometemos o mesmo erro cognitivo levantado pelo problema.

2. Qual é a primeira solução apresentada por Frege ao problema cognitivo? Por que ela parece contraintuitiva?

3. Explique por que Frege abandonou a primeira solução.

4. Qual é a segunda solução ao problema? Por que ela parece tornar mais sólidas nossas experiências diárias da relação entre linguagem e mundo?

5. Cite três vantagens da teoria fregeana sobre sentidos.

Atividades aplicadas: prática

1. Como o desenvolvimento da lógica fregeana contribuiu para a mudança radical que observamos no último século em relação à ciência e à tecnologia?

III

Teoria das descrições definidas

Se um nome próprio é usado em uma sentença verdadeira, devemos concluir que aquele nome necessariamente nomeia algo?

Neste capítulo, trataremos da teoria das descrições de Bertrand Russell e como ela responde a essas e a outras questões sobre a linguagem. Veremos que essa questão parte da teoria de um famoso filósofo austríaco, chamado Alexius Meinong. Veremos também quais são as consequências para a análise da linguagem implicadas na teoria de Russell e algumas considerações de Strawson sobre expressões e usos de expressões na comunicação.

3.1 A filosofia de Bertrand Russell

Bertrand Arthur William Russell (1872-1970) foi um importante matemático, além de um grande filósofo. Começou os estudos em matemática, mas se interessou por filosofia logo em seguida. Em 1890, com 18 anos, Russell entrou na Universidade de Cambridge, na Inglaterra, para estudar matemática. Lá, conheceu e se tornou amigo próximo de Alfred North Whitehead, famoso matemático com quem mais tarde escreveu a célebre obra *Principia mathematica* (*Princípios da matemática*).

Suas contribuições mais influentes incluem a defesa do logicismo (visão de que a matemática é, em algum sentido importante, redutível à lógica), o refinamento no cálculo de predicados de Frege (que até hoje forma a base da maior parte dos sistemas de lógica contemporânea) e a teoria das descrições definidas, que permite uma análise profunda da linguagem. Além disso, é considerado, ao lado de George Edward Moore, um dos principais fundadores da filosofia analítica moderna.

As contribuições de Russell para a lógica e para a matemática ainda incluem o desenvolvimento da teoria dos tipos, a teoria geral das relações lógicas, a formalização da matemática dos números reais e a descoberta do Paradoxo de Russell (também conhecido como *paradoxo Russell-Zermelo*).

Russell descobriu o paradoxo que leva seu nome em 1901, enquanto trabalhava no livro *Princípios da matemática*. O paradoxo leva em consideração a existência de um conjunto formado por todos os conjuntos que não contêm a si mesmos. Tal conjunto, se existe, será membro dele mesmo apenas se não for membro de si mesmo, o que é um paradoxo. A descoberta de Russell motivou a criação de um incrível número de trabalhos em lógica, teoria dos conjuntos e filosofia da matemática.

A resposta de Russell ao paradoxo veio em 1908, com o desenvolvimento da teoria dos tipos. Estava claro para Russell que alguma forma de restrição era necessária para substituir a compreensão original do axioma da abstração da teoria ingênua dos conjuntos. Esse axioma formaliza a intuição de que qualquer condição coerente ou propriedade pode ser usada para definir um conjunto. A ideia inicial de Russell era que a referência a tais conjuntos poderia ser evitada se organizássemos todas as sentenças da linguagem dentro de uma hierarquia, começando com sentenças sobre indivíduos no nível mais básico, passando por sentenças sobre conjuntos de indivíduos no nível superior, sobre conjuntos de conjuntos de objetos em um nível ainda mais alto e assim por diante.

Usando um princípio similar ao de círculo vicioso usado por Henri Poincaré, Russell pôde explicar porque uma compreensão irrestrita dos conjuntos falha: funções proposicionais tais como "x é um conjunto" não podem ser aplicadas a elas mesmas, pois a autoaplicação gera um círculo vicioso. Assim, todos os objetos aos quais dada condição ou predicado se aplica devem ser do mesmo nível ou do mesmo "tipo". As sentenças sobre esses objetos sempre serão de um nível hierárquico superior ao nível dos objetos enquanto eles mesmos.

De igual importância foi a defesa de Russell do logicismo – a tese de acordo com a qual a matemática é, de alguma forma, redutível à lógica. A compreensão de Russell se dividia em duas proposições. A primeira era de que todas as verdades matemáticas podiam ser traduzidas dentro de verdades lógicas ou, ainda, que o vocabulário da matemática consiste em um subvocabulário da lógica. A segunda tese era de que todas as provas matemáticas podiam ser reformuladas em provas lógicas ou que todos os teoremas da matemática formavam um subconjunto dos teoremas da lógica.

A ideia básica de Russell para defender o logicismo, similar a Frege, era de que números podem ser identificados com classes de classes e que sentenças sobre a teoria dos números podem ser explicadas em termos de quantificadores e identidade. Assim, o número 1 pode ser identificado com a classe de todas as classes unitárias, de um só elemento, o 2 com a classe de todas as classes com dois membros, e assim por diante. Sentenças como "há dois livros" poderiam ser traduzidas por "há um livro x e a há um livro y e x não é idêntico a y, e se há um livro z, então z é idêntico ou a x ou a y". Segue-se que operações numéricas podem ser explicadas em termos de operações sobre conjuntos, como intersecção, união e diferença. Por exemplo: a equação "2 + 2 = 4" pode ser representada pela união do conjunto 2 com o conjunto 2, ou "2 $\cup$ 2", formando assim um conjunto formado por quatro elementos.

Do mesmo modo que Russell usava a lógica em uma tentativa de clarificar as questões relativas aos fundamentos da matemática, ele também usou a lógica em uma tentativa de clarificar as questões da filosofia.

Por três anos, Russell devotou-se inteiramente à matemática, voltando sua atenção para a filosofia apenas no quarto ano. No início da formação em filosofia, ele se dedicou fortemente ao idealismo, muito por influência de seus professores, em especial de John McTaggart, que defendia uma forma de idealismo absoluto. Mas, logo em seguida, voltou-se contra o idealismo defendido por aqueles professores. Para Russell, era possível, sim, ter um conhecimento do mundo exterior.

Foi nesse contexto que Russell lançou a famosa distinção entre dois tipos de conhecimento: por descrição e por familiaridade. Entende-se que:

» conhecimento por descrição é um tipo de conhecimento indireto, derivativo, incerto e aberto ao erro;
» conhecimento por familiaridade é direto, infalível, intuitivo e certo.

Assim, para ser justificado, cada conhecimento descritivo deve ser capaz de ser derivado de conhecimentos mais diretos e intuitivos. O conhecimento por familiaridade é o conhecimento que alguém tem sobre um objeto quando está em uma relação cognitiva direta com ele, ou seja, quando está diante do objeto ou quando o objeto ele mesmo está presente aos sentidos.

Russell apresentou em seu célebre artigo *Sobre a denotação* (1989) a proposta de uma análise completamente inovadora sobre a estrutura da linguagem e dos significados. Motivado pela distinção entre sentido e referência feita por Frege, mas em certa medida se afastando dela, Russell propôs uma série de ideias que permitiram a observação, de um ponto de vista lógico matemático, com muito mais proximidade: os encadeamentos semânticos das expressões linguísticas.

Foram inúmeras as novidades da análise proposta por Russell, mas talvez a maior delas foi a ideia de que as expressões complexas da linguagem e até mesmo as simples apresentam, a despeito de suas caraterísticas gramaticais superficiais, níveis gramaticais estruturais mais profundos que revelam a sua real natureza. Assim, embora certas expressões da linguagem, do ponto de vista das características gramaticais, pareçam pertencer a certa classe gramatical, elas, na verdade, pertencem a outra completamente diferente.

Para entender isso, podemos fazer uma analogia com um caso similar da biologia. Por exemplo: existem animais que, apesar de suas características fenotípicas superficiais apresentarem semelhanças com um gênero específico, na verdade pertencem a outro absolutamente distinto. É o caso das baleias e dos golfinhos – apesar de superficialmente se parecerem muito com peixes, são, na verdade, mamíferos. Portanto, a despeito de as características superficiais sugerirem que eles são de certo grupo ou certo gênero (peixes), na verdade, se investigarmos mais profundamente suas naturezas, descobrimos que pertencem a outro grupo de indivíduos (mamíferos).

Da mesma forma, Russell (1989) mostrou que muitas expressões linguísticas, apesar de as características gramaticais superficiais sugerirem que pertencem a certa classe de expressões, na verdade, pertencem a outra. Russell estabeleceu esse resultado primeiramente para expressões denotativas, descrições definidas especialmente. Em seguida, avançou para a tese de que nomes próprios ordinários da linguagem são descrições definidas disfarçadas, estendendo o resultado para nomes ordinários, como *João, Pedro, Brasil*. O resultado estabelecido é tomar a maior parte dos termos singulares, nomes ordinários e descrições definidas como expressões quantificadas complexas, nas quais nenhum objeto faz parte do conteúdo envolvido nas frases.

Por motivos didáticos, para simplificar a exposição dos temas a serem apresentados e discutidos aqui, lidaremos com apenas algumas classes de expressões gramaticais. A mais geral delas trata de termos singulares, que incluem nomes próprios, descrições definidas e expressões indexicais. Podemos fazer outra divisão ainda, que será pertinente ao estudo deste capítulo, entre termos singulares e expressões denotativas. Sabendo disso, cabe agora uma explicação acerca de cada uma dessas classes gramaticais, termos singulares e expressões denotativas.

Expressões denotativas são expressões conceituais que envolvem conceitos como "homem", "rei" e "mamífero". Conceitos possuem extensões; a extensão de um conceito pertence ao conjunto dos objetos que caem ou satisfazem aquele conceito. Por exemplo: o conceito de "mamífero" é um conceito cuja extensão inclui vários seres do reino animal. Contudo, existem vários que não "caem" ou que não "satisfazem" esse conceito, como as aves, que não são mamíferos.

Assim, expressões denotativas possuem certa extensão, porém, não são meros conceitos, caso contrário, não faria a menor diferença dizermos que algo é uma expressão denotativa ou que algo é um conceito. Há diferenças significativas. Basicamente, a grande diferença é que conceitos possuem uma extensão bastante ampla na maior parte das vezes; expressões denotativas, por sua vez, restringem a extensão e são frequentemente usadas para denotar objetos ou fazer referência a eles.

Russell (1989) oferece como exemplos de termos denotativos as seguintes expressões: "o rei da França", "o maior número primo", "o centro do sistema solar", "o espião chinês mais baixo", "a rainha da Inglaterra", "um homem", "o primeiro instante do século XX". A característica mais relevante dessas expressões é que elas supostamente envolvem um objeto, ou melhor, singularizam de maneira definida ou parcialmente definida algum objeto. Empregamos aqui a expressão *supostamente* basicamente porque, por mais que sua forma gramatical de superfície sugira que ela envolva um objeto, isso não significa que de fato envolva. Por exemplo: ao empregarmos o termo "o atual rei da França", não estamos necessariamente falando de algo concreto. É sabido que atualmente não há nenhum rei da França, e mesmo que no passado a França tenha sido governada por uma sucessão de inúmeros reis, hoje em dia não há qualquer rei.

Outro detalhe importante é que elas supostamente singularizam um indivíduo. Dizemos "supostamente" porque algumas expressões denotativas, embora possam ser usadas em alguns contextos para tal fim – como "um homem" –, não singularizam um indivíduo determinado. Em outras palavras, se dissermos "um homem esteve aqui", não estaremos querendo com isso dizer que vários homens estiveram aqui nem mesmo que um homem específico esteve.

Acreditamos que o que foi exposto até agora é o bastante para que o leitor compreenda o que são expressões denotativas, que envolvem conceitos ou são formadas por conceitos. Mas elas são diferentes de conceitos por restringirem a extensão a ponto de permitir que sejam usadas para fazer referência ou denotar (como o próprio nome sugere) indivíduos particulares – quando esses indivíduos existem – de maneira singular ou definida – quando o contexto e a expressão permitem.

Dessa forma, podemos ainda dividir as expressões denotativas em dois grupos: o das descrições definidas e o das descrições indefinidas. Basicamente, o que distingue esses dois grupos são duas partículas linguísticas de fundamental importância para a linguagem, para o entendimento e para a comunicação. A saber, essas duas partículas linguísticas são chamadas de *artigos definido e indefinido* (*o/a, um/uma*). A marca do artigo definido, justamente como o nome sugere, é a de transformar uma expressão sincategoremática[1] (sem categoria ou sem uma função específica do uso) em uma expressão categoremática, já com um uso definido. Começaremos com o artigo indefinido e passaremos para o artigo definido, de extrema relevância para o nosso estudo.

O artigo indefinido também tem o poder de transformar uma expressão sincategoremática simples em uma expressão categoremática. O artigo indefinido *um/uma* permite restringir a extensão de um conceito como "baleia", por exemplo, a um único exemplar desse grupo ou dessa extensão. Desse modo, se alguém diz que '"uma baleia esbarrou no navio", a pessoa não quer com isso dizer que várias baleias esbarraram no navio, nem mesmo que uma baleia específica esbarrou, mas sim que alguma baleia esbarrou no navio.

Já o artigo definido tem a função de caracterizar que um objeto específico está sendo mencionado, referido ou denotado. Muitos filósofos e linguistas argumentam que o artigo definido tem uma função semelhante à de um quantificador. Como vimos no capítulo anterior, com o advento da lógica de Frege, quantificadores são símbolos que compõem a lógica de modo a permitir um tratamento sistemático das expressões quantificacionais gerais, como "para todo" e "algum".

Vimos também que, embora ambas sejam gerais, ou seja, usadas para fazer referência a múltiplos indivíduos, expressões como "para todo" são chamadas e consideradas *expressões universais*, que fazem

---

[1] Expressões *sincategoremáticas* são aquelas que não pertencem a nenhuma categoria semântica específica, ou seja, não expressam um significado se tomadas isoladamente, pois precisam ser "completadas" com outras expressões a fim de expressar um significado completo. Um exemplo simples é "rei da França": se tomada simplesmente nessa forma, não expressa significado algum, apenas se completarmos com um artigo definido ou indefinido *o/um* é que pode ser usada para expressar algo com significado.

referência a todos os indivíduos de um domínio preestabelecido. A expressão "algum", por sua vez, faz referência a um ou mais indivíduos e pode ser usada como uma restrição do quantificador universal. Portanto, alguns filósofos creem que o artigo definido *o/a* pode ser tratado como uma espécie de quantificador, ainda que mais restrito que o quantificador existencial.

O mecanismo exato de um quantificador é completar expressões lógicas da forma "*Fx*", por exemplo – ou seja, "*Fx*" apenas não diz nada, mesmo que o predicado "*F*" já tenha sido interpretado como *F* [ser filósofo]. Assim, mesmo que *F* indique a propriedade de ser filósofo, *Fx* não nos diz se há algum filósofo ou se todos são filósofos ou quem é filósofo. De maneira semelhante, para completarmos nossa analogia entre o artigo definido e os quantificadores, "rei da França" por si só também é indefinido o bastante para ainda não ter um emprego semântico determinado na linguagem. Assim, se usarmos "$\exists x\ Fx$", estaremos fazendo uma afirmação completa, ou seja, estaremos dizendo algo que possui um significado completo. Da mesma forma, podemos completar "rei da França" com o artigo definido "*o*" para obter "o rei da França" e assim transformar completamente uma expressão sincategoremática em uma expressão que pode ter um uso definido na linguagem.

Então, o que é exatamente uma descrição definida? Basicamente, de acordo com Russell (1989), ela pertence ao grupo das expressões denotativas. Três exemplos de expressões denotativas esgotam a ideia necessária para compreendermos em qual lugar se enquadra uma descrição definida:

1. Um homem
2. A rainha da Inglaterra
3. O rei da França

A primeira expressão (1) é marcada pelo fato de não denotar um indivíduo específico, já que "um homem" pode ser qualquer homem; portanto, ela denota ambiguamente. A segunda expressão (2) denota, o que a torna diferente da primeira, um indivíduo específico, aquele único indivíduo que satisfaz a condição de ser a rainha da Inglaterra, Elizabeth II. Já a terceira expressão (3), por mais parecida que seja com a segunda, não denota nenhum indivíduo, pois a França já não é mais uma monarquia, pois não é governada por reis. O que essa terceira frase marca é que uma expressão pode ser denotante, mas não denotar nada.

A interpretação dessas frases é bastante difícil, e sistematizá--las dentro de uma única teoria é uma tarefa bastante árdua. Muitos filósofos já tentaram, mas tiveram pouco êxito, e o problema de sistematizá-las dentro de uma teoria unificada será explicado agora. Convém termos em mente que o principal elemento que deve ser explicado aqui é a significatividade dessas três classes de expressões, ou seja, como elas podem ser significativas a ponto de serem elucidadas por meio de uma única análise que sistematiza todas elas.

Antes de passarmos à explicação, devemos nos deter rapidamente sobre o porquê da necessidade de uma única teoria para explicar essas três classes de expressões. Por que não poderíamos apresentar três teorias diferentes e cada uma explicasse uma frase diferente? Para iniciar essa explicação, propomos um exemplo.

Sabemos que todos os corpos no universo são formados por átomos; qualquer porção da matéria, qualquer substância é formada por eles. Quando um químico quer explicar o comportamento de determinada substância ou a reação química resultante da combinação de duas substâncias diferentes, ele recorre justamente à composição desses materiais e o aspecto mais importante, nesse caso, são os elementos químicos que compõem esses materiais.

Agora, vamos nos perguntar se faria algum sentido termos uma teoria que explica a natureza desses materiais, a constituição mais básica desses elementos, e outra teoria para explicar a reação química entre as substâncias compostas por esses elementos. Obviamente, não. Com certeza surgiriam incongruências e disparidades nas explicações ou, o que é mais comum nesses casos, contradições.

Por isso, não é interessante abordar, com base em pontos de vista diferentes ou teorias distintas, fenômenos intimamente interligados. Se um objeto A é formado por x e y e um objeto B é formado por w e z, uma teoria que explica a relação entre A e B não pode diferir de uma teoria que explica a relação entre x, y e w, z.[2] O mesmo acontece com os fenômenos relacionados à linguagem, e é dessa forma que Russell e a maior parte dos filósofos relacionados à tradição analítica pensavam.

Mas voltemos ao nosso ponto: Quais seriam os problemas se tratássemos essas três classes de expressões denotativas dentro de uma

---

2 A física passou por um problema similar recentemente, pois há três teorias diferentes que não estão interligadas para três âmbitos da realidade que estão relacionados. O que se espera é uma única teoria que unifique as previsões sobre esses âmbitos. Acontece que a teoria newtoniana, a teoria de Einstein da relatividade geral e restrita e a teoria quântica geram inconsistências se utilizadas ao mesmo tempo para fazer previsões sobre os mesmos eventos. Espera-se que nas próximas décadas surja uma unificação dessas três teorias ou uma nova teoria que dê conta de todos os casos.

teoria unificada? Basicamente, de acordo com Russell, o problema surge ao considerar a denotação como parte do conteúdo semântico de uma sentença ou frase. Cabe aqui lembrarmos o modo como, para Frege, se dá o significado de expressões e frases. Para ele, o significado, ou usando uma expressão mais técnica, o *conteúdo semântico* das expressões, possui dupla dimensão: do sentido e da referência.

Podemos considerar, sem muitos problemas, as expressões *denotação* e *referência* como sinônimas, pois ambas dizem respeito ao objeto que o nome nomeia. Mesmo antes de Frege, com Stuart Mill, para quem nomes eram como meros rótulos que não tinham conotação, apenas denotação, o objeto já era a parte crucial do conteúdo semântico de um nome: o objeto é o seu significado. Mas Russell via inúmeros problemas nisso. Equivaler a significação de um nome ao objeto denotado pelo nome levou filósofos reconhecidos como Meinong a defenderem uma posição altamente controversa, a de que **há objetos que não existem.**

A controvérsia dessa tese repousa exatamente sobre o fato de ela implicar a existência de objetos que não existem. Por hora, tentaremos entender como Meinong chegou a essa tese.

3.2 A teoria dos objetos de Meinong

Alexius Meinong (1853-1920) foi um reconhecido filósofo austríaco. Defendeu durante toda a vida acadêmica a ideia de que há objetos que não existem, ou que são meramente possíveis. Uma das razões para defender isso se baseia em um argumento de natureza linguística. Considere a frase "o rei da França não existe". Essa é sem dúvida uma frase verdadeira, pois não há qualquer rei da França nos dias de hoje.

Mas, se analisarmos melhor o mecanismo de acordo com o qual uma sentença simples do tipo sujeito/predicado funciona, constataremos ou teremos de admitir que, em alguma medida, "o rei da França" deve ter algum tipo de ser.

O que deve ser constatado para a verdade de uma sentença do tipo sujeito/predicado ser verdadeira? Analisemos primeiro outra frase: "Neymar é brasileiro". Para que uma frase como essa seja verdadeira, 1) ela deve ser significativa; 2) o sujeito deve existir; 3) o predicado deve existir; e 4) o sujeito deve satisfazer o predicado – Neymar deve ser de fato brasileiro ou pelo menos ter nascido no Brasil. Essa é uma frase não apenas significativa, mas verdadeira, sem dúvida, que satisfaz as quatro condições estabelecidas: Neymar existe, o predicado "ser brasileiro" existe e Neymar satisfaz esse predicado.

Agora, voltemos ao exemplo anterior. Em primeiro lugar, a frase "o rei da França não existe" é significativa, pois qualquer um entende o que está sendo dito. Além disso, é verdadeira, sabemos que não há um rei da França, já que o país deixou de ser uma monarquia. Portanto, a constatação à qual Meinong chega é que em algum sentido, em algum lugar do reino do ser, deve haver uma entidade que corresponda à descrição "o rei da França".

Vejamos o mesmo argumento de um ponto de vista mais formal, como foi apresentado por Strawson na obra *Sobre o referir* (1975). Chamemos a sentença "o rei da França é sábio" de sentença "S". Assim:

1. Se "S" é significativa, é verdadeira ou falsa.
2. "S" é verdadeira se o rei da França é sábio e falsa se o rei da França não é sábio.

3. As sentenças "o rei da França é sábio" e "o rei da França não é sábio" são igualmente verdadeiras apenas se existe (em algum sentido ou em algum mundo) alguma coisa que seja o rei da França.
4. Desde que "S" é significante, deve, em algum sentido, haver um rei da França.

Assim, o fato de ter de considerar a denotação como parte do significado da sentença levou Meinong a defender uma tese contraintuitiva e que coloca em xeque nosso senso de realidade mais forte: a de que há entidades inexistentes.

O problema envolvido na compreensão dessas entidades, possíveis, mas não existentes, é que elas, além de serem intuitivamente suspeitas, violam o princípio de não contradição. Isso porque a ontologia de Meinong admite até mesmo objetos impossíveis como "a mesa redonda que é redonda e não é redonda". Contudo, há um problema na concepção de indivíduos não existentes, uma contradição que envolve todos os objetos possíveis não atuais ou não existentes, pois, se aceitarmos que há indivíduos que não existem, a formalização resulta em uma gritante contradição $\exists x \ \neg \exists y \ (x = y)$ – ou seja, existe uma coisa que não existe.

A manobra que Meinong poderia tomar para evitar esse problema seria a de separar dois domínios distintos, aquele das coisas que apenas são e aquele das coisas que existem. Dessa maneira, as coisas que existem seriam apenas uma pequena parte das coisas que são ou que possuem ser. O reino do ser seria muito mais amplo e conteria muito mais entidades além daquelas que existem, como a atual rainha da Inglaterra, por exemplo. Haveria muitas outras entidades, como o atual rei da França, o abominável homem das neves, Sherlock Holmes, o círculo que é redondo e não é redondo e a montanha de ouro.

Mas essa solução tem a inconveniente consequência de tornar completamente artificial a semântica do verbo *existir*, pois agora o que temos são dois predicados, um para aqueles objetos que apenas são, mas não existem, e outro para aqueles que são e existem. Isso criaria uma ambiguidade em um predicado que não possui ambiguidade, já que não há qualquer diferença entre dizer que "o rei da França não existe" e que "o abominável homem das neves não existe". Quando alguém fizesse alguma afirmação de existência do tipo "existem criaturas que são mamíferos e ovíparos simultaneamente", teríamos de perguntar: Mas em qual sentido de existência? O que, obviamente, não representaria ganho algum.

Além do evidente problema de contradição, há também outro problema, notado por Quine, que fornece uma forte objeção à tese da existência de objetos meramente possíveis. Para Quine (1975b), objetos inexistentes não possuem condições de identidade bem definidas. Mas o que são *condições de identidade*? São condições que qualquer objeto tem de satisfazer para poder ser identificado com ele mesmo. Dessa forma, "Obama = Obama" não tem o menor problema, pois Obama é o mesmo que Obama, da mesma forma que 2 = 2, pois 2 é o mesmo que 2 e o mesmo que a raiz de 4, e assim por diante para qualquer objeto existente.

Entretanto, para possíveis não atuais, como podemos dizer que "o homem no dorso da porta é o mesmo homem careca no dorso da porta"? É ele careca ou não? Quantos homens possíveis no dorso da porta há de fato? E com a identidade temos então um problema de identificação: Como podemos reidentificar um objeto sem condições de identidade?

Quine (1975b) vai além e afirma que mais um motivo para não aceitarmos a ontologia de Meinong é o seu caráter estético, que ofende o gosto daqueles que têm predileção por paisagens desérticas. Quine (1975b) chama a ontologia de Meinong de *o cortiço dos possíveis não atuais*.

3.3   A solução de Russell

A solução de Russell se encontra em sua análise das descrições definidas e na constatação de que a maior parte dos nomes da linguagem se caracteriza, na verdade, por descrições definidas disfarçadas ou abreviadas. Para Russell (1989), os únicos nomes legítimos da linguagem são as expressões indexicais usadas para se referir a um objeto presente aos sentidos. A consequência da análise russeliana é de que quase todas as frases, que aparentemente são do tipo sujeito/predicado, na verdade se revelam proposições complexas quantificadas. Vamos explicar agora o porquê.

Se alguém legitimamente assevera que (1) "o rei da França é sábio", o que deve ser o caso ou, em outras palavras, o que deve ser verdadeiro para que essa afirmação seja correta? É basicamente isso que Russell se pergunta ao formular sua análise.

A resposta é, em primeiro lugar, que deve haver um rei da França. Não faria sentido se alguém conscientemente afirmasse que o rei da França é sábio sabendo que não há nenhum rei da França. Então, a primeira condição para que a frase (1) seja verdadeira, é que exista um rei da França. A segunda condição é que haja apenas um rei da França, pois não pode haver ambiguidade, caso contrário, não saberíamos sobre quem ou sobre qual rei da França a afirmação se dirigiria.

Considere que alguém diga que seu irmão se acidentou. Essa frase seria ambígua se a pessoa a quem se direciona a afirmação tivesse mais de um irmão, pois seria possível perguntar: "mas qual irmão?". E assim, da mesma forma, a segunda condição que deve ser satisfeita para a frase (1) ser verdadeira é que haja um e apenas um rei da França. Já a terceira condição é a mais simples: na hipótese de haver um rei da França e de haver apenas um rei da França, resta apenas que ele de fato seja sábio. Então, há três condições envolvidas que devem ser satisfeitas para que uma descrição do tipo "o *F* é *G*" seja verdadeira.

a. Que exista um *F*.
b. Que exista um e apenas um *F*.
c. Que *F* seja *G*.

Em termos formais:

a. $\exists x\ Fx$
b. $\forall y\ (Fx \rightarrow x = y)$
c. Gy

Como resultado da conjunção das três condições, temos:
$\exists x\ \forall y\ ((Fx \rightarrow x = y)\ \&\ (Gy))$.

A análise de Russell, portanto, mostra que o significado de descrições definidas não envolve objetos, mas apenas sentenças quantificadas. Com isso, é possível explicar a significatividade de sentenças que contêm termos singulares que não denotam ou cuja referência não existe. Quando compreendemos uma sentença que faz referência a um objeto que não existe, isso é o seu significado. Assim, os únicos elementos necessários para a compreensão de tais sentenças são as condições expressas pela análise russeliana; ou seja, em momento algum o objeto é apelado na explicação da significatividade.

Em outras palavras, Russell mostrou com a teoria das descrições definidas como é possível alguém aceitar a verdade de uma frase existencial negativa sem se comprometer com o suposto objeto referido.

3.4 Strawson e a crítica à teoria das descrições definidas

É importante deixar claro que a crítica não nos obriga a abandonar a teoria de Russell sobre as descrições definidas, embora o propósito de Peter Frederick Strawson (1919-2006) pode ser de fato deixá-la de lado. O caso é que Strawson, na verdade, ajuda-nos a entender melhor tanto a teoria de Russell quanto os aspectos essenciais da linguagem. Assim, é importante analisarmos a primeira grande crítica à teoria das descrições definidas de Russell.

A questão proposta por Strawson se encontra no artigo *Sobre o referir* (1975) e trata basicamente de uma mudança no foco sobre o qual incidem as análises semânticas feitas até aqui. Dessa maneira, por ser uma teoria que parte de uma mudança de foco sobre a qual recai a análise, a teoria de Strawson é bastante inovadora, principalmente em relação à tradição filosófica antecedente. Sem contar que boa parte da sua motivação é recuperar algumas ideias centrais do pensamento de Frege, como veremos. Por esse motivo, o autor é considerado um neo-fregeano, basicamente por atacar a ideia de que nomes próprios e descrições definidas são, na verdade, expressões quantificacionais.

Mas devemos nos perguntar: Por que é tão importante revisarmos as críticas de Strawson a Russell? Bem, a importância reside no fato de a teoria de Strawson ser um pontapé inicial, ou um germe da ideia que se tornou paradigmática na segunda metade do século XX. Isso se deu devido aos ingredientes que trouxe para a compreensão de certos fenômenos, como o uso de nomes e descrições definidas por agentes linguísticos. Inclusive, ainda nos dias de hoje entende-se que nomes próprios e descrições definidas são duas classes distintas de expressões, com mecanismos semânticos distintos.

Relembremos os principais aspectos da teoria das descrições de Russell: 1) descrições definidas são, na verdade, sentenças quantificadas complexas; 2) o significado de descrições, dado na análise, não envolve objetos; 3) descrições definidas que denotam objetos inexistentes são falsas, e não sem valor de verdade, como para Frege.

Strawson (1975) faz uma distinção em uma sucessão decrescente de graus de abstração, ou seja, do mais abstrato para o menos abstrato, ou concreto, ou ainda real, que segue esta ordem: 1) uma **frase** (ou uma expressão simples – lembre-se de que frases são expressões complexas) considerada de modo abstrato, quer dizer, sem consideração a qualquer uso que possa ser feito dela, em qualquer contexto dentro do qual ela possa ser proferida; 2) o **uso de uma frase** (ou de uma expressão), independentemente de elocuções particulares que possam ser feitas com esse uso em particular, o que não é ainda um caso concreto; e, finalmente, 3) a **elocução**, ou um **uso particular concreto de uma frase** ou sentença (respectivamente de uma expressão simples).

Vejamos precisamente cada caso; Strawson apresenta as distinções na segunda seção de *Sobre o referir* (1975).

Consideremos novamente a frase "O rei da França é sábio". O filósofo comenta que é fácil imaginar que essa frase deve ter sido proferida em vários momentos na história da França, ao menos desde o início do século VII, e também deve ter sido proferida quando a França já não era mais uma monarquia. Então, há um sentido, perfeitamente compreensível, em que é correto falar de "uma sentença" para além do seu uso ou de qualquer contexto específico de enunciação.

Há, portanto, como nos referirmos a essa frase tal qual *a mesma frase* proferida em diversos momentos, épocas e contextos, e mais, ela é absolutamente significativa, pois somos capazes de entender essa frase totalmente descontextualizada, considerada independentemente de qualquer asserção ou proposição que possa ser comunicada por meio dela. Entre outras palavras, considerá-la dentro de um contexto é considerar já um particular específico acerca do qual a descrição possa ser sobre algum rei em particular.

Assim, a frase "o rei da França é sábio", analisada em termos puramente abstratos, consiste em certo aspecto do significado que é "comum", digamos assim, a qualquer uso feito dele. Imagine, por exemplo, que um professor de história está falando sobre um período histórico em um cenário que envolva vários países e, em um momento da aula, ele mencione Luís XV, certo rei que governou a França de 1715 até 1774. Em seguida, ele fala de outros países, mas em um momento particular ele diz: "mas o rei da França era sábio", e nesse momento entra na sala um aluno que ouve apenas essa frase. Suponha agora que consideremos dois alunos: A1, que estava na sala de aula e sabe que quando o professor disse que "o rei da França era sábio" ele se referia a Luiz XV; e A2, que foi justamente quem chegou à sala de aula atrasado e apenas ouviu a frase em questão sem remetê--la a qualquer rei específico ou época ou período do tempo. Agora tome aquilo que cada aluno, A1 e A2, entendeu ao ouvir a sentença. Aquilo que A2 entendeu corresponde ao significado da sentença fora de qualquer contexto.

É nesse contexto que entendemos que, para Strawson, uma sentença ou expressão considerada isoladamente de qualquer uso específico não pode ter um valor de verdade, uma vez que não foi usada para exprimir uma proposição. E não está, nesse momento – para lembrar a consideração de Aristóteles (2000) sobre o que é uma afirmação –, sendo feita qualquer afirmação de algo sobre algo. O que ocorre é que não há, naquele momento, um objeto específico em consideração acerca de quem está sendo feita a afirmação de que é sábio. É o mesmo caso de uma frase ou expressão que, se tomada isoladamente, não é capaz de denotar, referir ou deixar de denotar, pelos mesmos motivos – mas, ao mesmo tempo, não deixa de ter um significado, de exprimir um sentido.

Seguindo a ordem com a qual Strawson (1975) apresenta as distinções introduzidas, verificaremos o que ele entende por **uso de uma frase**, em comparação, por exemplo, a uma frase ou expressão tomada isoladamente. Nessa segunda etapa, exige-se a especificação de um contexto, ou seja, alguns parâmetros para a avaliação de frase, como tempo, período histórico dentro do qual a frase se encontra e falante. A especificação de um contexto é essencial para dois usos diferentes da mesma descrição. O uso feito de uma frase ou de uma sentença no século XIV é diferente do uso feito no século XVII. Pode ser, ainda, que durante o mesmo século, o século XIV, mais de um uso tenha sido feito – basta que, durante esse século, mais de um rei tenha governado a França; assim, a mesma frase, com a mesma descrição definida, pode ser usada de modo diferente por diferentes pessoas durante o século. E a mesma pessoa poderia ter feito dois usos distintos da mesma frase, basta imaginar alguém que viveu durante um período de sucessão entre dois monarcas, o que não deve ter sido difícil, pois a França nesse período teve quatro regentes: Felipe IV, João II, Carlos V e Carlos VI.

Dessa maneira, uma mesma frase pode ter vários usos diferentes ao longo do tempo e o mesmo uso durante certo período de tempo, com pessoas diferentes fazendo o mesmo uso dela e a mesma pessoa fazendo usos distintos dessa frase.

Já especificamos e diferenciamos o que para Strawson (1975) é (1) *uma frase* e (2) *o uso de uma frase*, mas agora resta estabelecer o que o autor significa por (3) *uma elocução de uma frase*. Lembre-se de que dissemos que a exposição dessa classificação, que ocorre em três etapas, é decrescente e vai do nível mais abstrato para o menos abstrato, até o caso concreto. No primeiro caso, de uma frase ou expressão, estamos lidando com o caso mais abstrato. Para entender esse ponto, tome duas ocorrências de frases como as seguintes: "o rei da França é sábio" e "o rei da França é sábio". É bastante natural que alguém diga que as duas frases são a mesma frase ou ainda que ambas são ocorrências da mesma frase.

Mas, então, onde está essa frase, a frase ela mesma? Bem, aqui precisamos pensar abstratamente, pois a frase ela mesma é uma abstração e não existe em concreto, o que existe em concreto são apenas suas ocorrências.

Em segundo lugar, descendo na hierarquia de abstração, temos o uso de uma frase (ou de uma expressão simples). O uso é menos abstrato, digamos assim, pois já envolve falantes e outros elementos, como lugar, tempo e situação ou mundo possível[3]. Quando um falante expressa a afirmação "o rei da França é sábio" em determinada época, referindo-se ao monarca regente durante aquele período, digamos, Carlos V, afirmando que ele é sábio, essa pessoa está fazendo uso dessa frase. Mas isso não é completamente concreto, pois outra pessoa pode fazer o mesmo uso dessa frase. Então, duas pessoas, em momentos diferentes e em lugares diferentes fazendo o mesmo uso dessa frase, só é possível se compreendermos que um uso possível dessa frase, é uma entidade igualmente abstrata – ou seja, a mesma entidade existe em vários tempos e lugares.

Essa classificação baseia-se em uma distinção bastante conhecida em filosofia analítica, a distinção *type/token*. Ela é bastante simples e se aplica bem à linguagem e ao pensamento. O *type* de uma expressão é a expressão considerada em abstrato, como a palavra *casa*, por exemplo, pois aquilo que obtemos quando a escrevemos ou a pronunciamos são ocorrências concretas do uso dessa palavra. Assim, "casa", "casa", "casa" são três *tokens* do mesmo *type,* o *type* da palavra *casa*.

E, por fim, temos, no grau mais concreto, descendo a hierarquia de abstração, *enunciados de frases*. Enunciados são utilizações particulares de frases. Duas pessoas diferentes podem fazer o mesmo uso de uma descrição, contudo, uma mesma pessoa não pode produzir o mesmo enunciado duas vezes. Enunciados são realizações concretas de usos de frases e expressões, são eventos espaçotemporalmente localizados.

---

[3] Explicaremos o que é um mundo possível no próximo capítulo, quando tratarmos do argumento modal.

A ideia de Strawson (1975) é de que a distinção entre frase e enunciado (ou ainda frase e asserção) permite falarmos em uma frase tipo, regulada apenas pelas regras da sintaxe. O que, por sua vez, corresponde ao conceito de uma frase bem formada em uma teoria formal, a frase ela mesma, quase como uma ideia platônica. E, desse modo, qualquer frase gramaticalmente correta é uma frase *type* da nossa linguagem.

A distinção também revela algo bastante importante, que consiste na objeção à teoria das descrições de Russell, ou seja, a consequência de não podermos dizer da frase, considerada isolada de qualquer uso ou contexto específico, que ela é verdadeira ou falsa. Basicamente porque a verdade ou a falsidade, para Strawson, depende essencialmente do uso e do contexto. Se não considerarmos a época e a situação que envolvem os elementos necessários para uma afirmação como "o rei da França é sábio" ser de fato uma afirmação sobre algum indivíduo singular, não podemos julgar a sentença – não sem esses elementos previamente estabelecidos.

De acordo com Strawson (1975), portanto, é um erro considerar a referência de "o rei da França", como fizeram Frege e Russell, como se ela (a referência) pudesse ser estabelecida independentemente de um uso específico feito por alguém.

Devemos agora tentar compreender um resultado importante, como vimos: Em que, então, consiste o significado de uma frase? Para Strawson (1975), uma frase, quando isolada de um contexto, é significativa. Contudo, dentro de um contexto particular, e sendo empregada corretamente por alguém, também é significativa. Desse modo, resta compreender o que é a significatividade de uma frase e do uso de uma frase.

Vimos que, em uma primeira instância, o sentido ou significado de uma frase fora de qualquer contexto de uso corresponde apenas às regras sintáticas, de acordo com as quais podemos tomar aquela frase ou sentença como a mesma em diferentes contextos e usos possíveis. Mas isso não é exatamente o significado, pois Strawson afirma que o significado de uma frase ou expressão remete a regras, hábitos e convenções que governam e regulam seu uso.

Com essas distinções feitas, Strawson (1975) tem aquilo de que precisa para objetar a teoria de Russell. A objeção, portanto, consiste em mostrar que Russell não distinguiu precisamente entre uma frase e uma proposição, sobre o resultado do uso de uma frase. Dessa forma, Russell cometeu um engano ao atribuir certas propriedades a frases que são pertencentes apenas a usos de frases e, assim, de proposições. No caso de poder ser verdadeira ou falsa, resulta no fato de que a frase (e não o uso particular feito dela ou a proposição expressa por ela) é falsa quando proferida nos dias de hoje. Esse seria o único acerto da teoria das descrições definidas.

Assim, de acordo com a crítica de Strawson, Russell errou justamente ao atribuir a uma frase aquilo que ela teria apenas a partir do uso feito por alguém. Essa crítica permitiu a Strawson, entre outras coisas, lançar luz sobre a ideia fregeana de que uma frase com um nome ou uma descrição definida que denota ou refere um objeto não existente não possui valor de verdade, não pode ser nem verdadeira nem falsa, ao contrário de Russell, para quem uma frase ou descrição definida que não denota é falsa.

Na terceira parte do já referido artigo, Strawson (1975) aponta algumas coisas corretas e outras falsas que Russell afirma sobre descrições definidas. Vejamos primeiro o que ele aponta de correto e, em seguida, o que ele aponta de errado. Por fim, serão feitas algumas considerações sobre o projeto mais amplo de Strawson com esses comentários.

Analisemos primeiro as coisas verdadeiras que, segundo Strawson, Russell diz sobre a frase "o rei da França é sábio". A primeira é que ela é significante; qualquer um que a enuncie neste momento estará enunciando uma frase significativa. A segunda é que qualquer um que enuncie a sentença agora estará enunciando algo verdadeiro apenas se houver de fato um atual rei da França e se ele for sábio.

Porém, há também as duas coisas falsas que Russell afirma de acordo com a teoria das descrições definidas. A primeira é que qualquer um que profira a sentença agora estará proferindo uma sentença verdadeira ou falsa. A segunda coisa é que parte do que a pessoa estará enunciando será que há um e apenas um rei da França.

O que podemos compreender pelas "coisas falsas" que Strawson aponta é que a teoria das descrições definidas nem mesmo proporciona uma explicação do valor de verdade de alguns usos da frase. Outra consequência é que a análise de Strawson permite ao autor defender que aquilo que é dito por meio do uso de uma frase que contém uma descrição definida não é uma frase existencial quantificada. Assim, é possível negar que esse uso tenha uma implicação de existência daquele objeto que satisfaz a descrição definida. Já que não existe qualquer rei da França atualmente, a conclusão deve ser de que a verdade ou a falsidade da proposição simplesmente não se coloca. Não podemos nos perguntar pela verdade ou pela falsidade de uma proposição acerca de um indivíduo inexistente.

Chegamos, então, ao fim da crítica de Strawson a Russell. E, afinal, qual foi a grande descoberta que dá razão para julgarmos como falsa a teoria das descrições definidas? A última grande consequência consiste na descoberta de que, ao invés de a teoria das descrições afirmar que qualquer uso de uma descrição implica que o objeto em questão existe, na verdade o que esse uso mostra é outro fenômeno linguístico que não a implicação, mas a pressuposição – ou seja, o uso de uma descrição definida não implica que o objeto existe, mas sim pressupõe sua existência (Strawson, 1975).

A diferença entre *implicação* e *pressuposição* é simples: se alguém afirma "eu parei de fumar", isso pressupõe que a pessoa fumava e essa constatação vem do fato de que se a pessoa não fumava antes, então, necessariamente, não pode ter parado de fumar; e isso é o que tradicionalmente se considera uma suposição – a afirmação supõe que a pessoa fumava. Mas se alguém afirma que "meus livros não estão sobre a mesa", isso implica que havia livros, mas não supõe pela seguinte razão: se os livros da pessoa não estivessem antes sobre a mesa, continuaria sendo verdadeiro o caso de que os livros da pessoa não estão sobre a mesa.

Vejamos detalhadamente através do seguinte esquema: digamos que A representa que *"o"* fumava e B que *"o"* parou de fumar. Então se A é falso, B também tem de ser falso, pois *"o"* nem sequer começou a fumar. Esse é o fenômeno lógico-linguístico chamado *pressuposição*. Pressuposição: se A é F então B é F.

Agora, suponha que C representa que *"o"* deixou os livros sobre a mesa e D que os livros de *"o"* não estão sobre a mesa. Se C for falsa, ou seja, *"o"* não deixou os livros sobre a mesa, ainda é verdade que os livros não estão sobre a mesa, pois *"o"* poderia ter deixado os livros em outro lugar. Esse é o fenômeno linguístico da implicação. Implicação: se C é F, D é V.

De acordo com Strawson (1975), essa é uma das principais consequências das confusões cometidas por Russell ao não distinguir uma frase de um enunciado.

Que lição podemos concluir a partir disso? Bem, basicamente, podemos concluir que a posição de Strawson tem, pelo menos, quatro características principais. A primeira é de que suas ideias partem da assunção inicial de que qualquer falante competente de uma linguagem como o português, por exemplo, não faz uso do artigo definido "*o*" como a teoria de Russell implica.

O segundo ponto, que decorre do que foi exposto com a primeira característica, é a diferença fundamental entre certos usos do artigo definido "*o*" e da expressão "*existe*" (um e apenas um). Pense que alguém está com alguns amigos e diz: "o carro não irá funcionar". Parece correto em alguma medida que essa pessoa esteja dizendo que há um e apenas um carro? Obviamente não, o conteúdo daquilo que ela afirma é apenas que o carro não irá funcionar. Digamos que eles estejam indo para algum lugar e o que essa frase talvez implicasse é que eles não poderão ir de carro ou não poderão ir ao lugar combinado.

A terceira característica é que Strawson também percebe que expressões da forma "o F" podem ser um artifício do que ele chama de *referência identificadora*, que é quando uma descrição definida é empregada para chamar atenção de alguém.

A quarta teoria de Strawson mostra que uma descrição definida pressupõe que há um objeto que satisfaz a descrição definida, e não implica, como queria Russell.

Embora a teoria de Strawson pareça contundente contra a teoria de Russell, veremos no próximo capítulo como ambas as teorias podem ser aceitas ao mesmo tempo, com algumas ressalvas e modificações, sem que se anulem mutuamente. O responsável por essa descoberta foi um filósofo norte-americano chamado Keith Donnellan, que apresentou essa distinção no contexto de uma crítica à teoria ortodoxa de referência defendida por Frege, Russell e Strawson. Donnellan elaborou, assim, uma característica geral da teoria dos três, de que a relação entre nome e referência é uma relação mediada por conceitos. Em outras palavras, nomes e descrições definidos possuem o mesmo mecanismo semântico de referência, a relação entre o nome e o objeto que esse nome nomeia é uma relação de satisfação. O que veremos no próximo capítulo será uma reação crítica à teoria ortodoxa de referência e uma reorientação ao externalismo, à ideia de que o conteúdo semântico não se encontra na mente, mas sim fora dela.

Síntese

Apresentamos neste capítulo um grande número de teorias e objeções. Falamos sobre Russell, um dos principais filósofos do século XX, observando que ele, assim como Frege, iniciou os estudos em matemática, interessando-se em seguida por lógica e, finalmente, por filosofia. Suas maiores contribuições para a matemática foram: a descoberta do paradoxo que levou seu nome (*paradoxo de Russell*) e a apresentação de uma sistematização completa da aritmética e da teoria dos conjuntos. Em lógica, ele desenvolveu uma notação mais simples para a lógica fregeana, mas foi em filosofia que seus pensamentos talvez tenham ido mais longe.

Russell desenvolveu a teoria das descrições definidas, de acordo com a qual descrições como "o rei da França é sábio" são entendidas como proposições gerais complexas quantificadas. Em outras palavras, ela não representa simplesmente uma asserção da forma "x é S" (em que x representa o rei da França e S representa ser sábio), mas assevera que um objeto específico tem uma propriedade F, que 1) existe um rei da França; 2) existe apenas um rei da França; e 3) ele é sábio. Isso tem a consequência de tornar o significado de uma descrição definida uma proposição complexa quantificada, e quem pronuncia algo como "o rei da França é sábio" está afirmando que existe um e apenas um rei da França e ele é sábio. O sujeito gramatical dessa sentença desaparece e dá lugar a três frases quantificadas.

Em seguida, Russell diz que nomes ordinários da linguagem como Platão ou Aristóteles são, na verdade, descrições definidas disfarçadas ou abreviadas, e que os únicos nomes próprios legítimos da linguagem, aqueles que de fato envolvem um objeto, como o sujeito gramatical da frase, são expressões indexicais como "isto" e "aquilo", quando usadas na presença do objeto, enquanto o objeto está presente aos sentidos.

Aprendemos com Russell que uma das principais motivações de sua doutrina é apresentar uma alternativa à constatação de alguns filósofos de que o sujeito gramatical de frases de inexistência como "Sherlock Holmes não existe" deve em algum sentido existir. O principal expoente dessa doutrina sobre o ser é Meinong, que afirma que há coisas que não existem. A resposta de Russell, portanto, é mostrar, com base em sua análise sobre nomes e descrições, que não precisamos nos comprometer com entidades bizarras como as que povoam a ontologia de Meinong, justamente porque Sherlock Holmes deve ser substituído por uma descrição definida, que será, interpretada de acordo com sua análise, transformando a suposta afirmação do tipo sujeito/predicado em uma proposição geral quantificada.

Na última parte, vimos as críticas de Strawson a Russell, com foco na ideia de que não podemos atribuir valor de verdade a uma frase fora de qualquer contexto de uso, não sendo possível dizer que uma frase é verdadeira ou falsa simplesmente, sem que alguém a esteja usando em um contexto particular. Strawson distingue uma frase, o uso de uma frase e o enunciado de uma frase. Ele chega à conclusão de que apenas com o uso ou o enunciado de uma frase é que ela pode ter um valor de verdade, ser verdadeira ou falsa. Assim, como era para Frege, sentenças cuja referência não existe não possuem valor de verdade. Outra consequência da distinção de Strawson é que, ao proferir uma sentença contendo uma descrição definida, o agente do proferimento não está proferindo três sentenças complexas quantificadas, mas sim uma sentença sujeito/predicado simples.

Indicações culturais

Entrevista
BERTRAND, R. Entrevista face à face. **BBC**, 1959. Disponível em: <https:// www.youtube.com/watch?v=Ut7drCi2mts>. Acesso em: 3 jul. 2015.

A entrevista transmitida pela BBC, em 1959, mostra o ponto de vista de Russell sobre diversos temas, passando por religião, guerra e fanatismo. Há legendas disponíveis.

Livro

HAACK, S. **Filosofia das lógicas**. São Paulo: Unesp, 2002

Esse livro apresenta com muita clareza as relações entre linguagem e lógica. Destaque para um capítulo devotado à doutrina de Russell sobre as descrições definidas e a análise lógica dessa classe de expressões. A autora traça em detalhes, com base em um fio condutor que liga a doutrina de Russell a toda uma tradição filosófica, os aspectos mais sutis dessa brilhante doutrina que até hoje encanta filósofos e linguistas no mundo todo.

Atividades de autoavaliação

1. Russell iniciou seus estudos dedicando-se primeiramente:
   a) à filosofia.
   b) à história.
   c) à geografia.
   d) à lógica e à matemática.
   e) ao idealismo.

2. Sobre o logicismo, é correto afirmar:
   a) Apenas algumas proposições da matemática são redutíveis à lógica.
   b) Apenas a aritmética é redutível à lógica.
   c) Todas as provas matemáticas podem ser traduzidas em provas lógicas.
   d) A lógica e a matemática são incompatíveis.
   e) Todas as proposições matemáticas são logicamente redutíveis.

3. Sobre a novidade da análise de Russell sobre a linguagem, é correto afirmar:
   a) Russell mostrou que as expressões da linguagem possuem apenas um nível gramatical.
   b) A linguagem possui vários níveis e, apesar de sua superfície gramatical, as expressões escondem diferenças semânticas profundas.
   c) As expressões possuem sentido e referência.
   d) Descrições definidas são expressões sincategoremáticas.
   e) O conteúdo de descrições definidas envolve o objeto denotado.

4. Sobre o paradoxo de Russell, é correto afirmar:
   a) A soma de dois números primos sempre é um número par.
   b) É um paradoxo envolvendo a lógica de primeira ordem.
   c) O conjunto de todos os conjuntos não existe.
   d) O conjunto de todos os conjuntos contém e não contém a si mesmo.
   e) A matemática é derivada da lógica.

5. Russell se utilizou da lógica para compreender melhor quais ramos do conhecimento?
   a) Filosofia e matemática.
   b) Física e matemática.
   c) Lógica e linguística.
   d) Matemática e política.
   e) Lógica e matemática.

6. No início dos seus estudos em filosofia, Russell, por influência de seus professores, defendia o:
   a) realismo.
   b) ceticismo.
   c) empirismo.
   d) idealismo.
   e) xamanismo.

7. De acordo com a teoria das descrições de Russell, sobre a frase "o rei da França é sábio", é correto afirmar:
   a) Há mais de um rei da França.
   b) Ela não tem valor de verdade.
   c) Ela envolve essencialmente o objeto denotado.
   d) Há um e apenas um rei da França e ele é sábio.
   e) Ela é verdadeira independentemente do contexto.

8. Ainda sobre a teoria das descrições definidas, é correto afirmar:
   a) Ela ajuda a mostrar que todas as expressões da linguagem são dependentes do contexto.
   b) Nenhuma expressão da linguagem é dependente do contexto.
   c) Ela diferencia frase e enunciado.
   d) Ela evita o compromisso com a tese de que há objetos inexistentes.
   e) Descrições são na verdade frases quantificadas.

9. Sobre a teoria dos objetos de Meinong, é correto afirmar:
   a) É uma teoria de caráter realista.
   b) Todos os objetos existem.
   c) Não existem objetos abstratos.

d) Há objetos que não existem.
e) O rei da França é calvo.

10. Para Strawson, o erro na teoria das descrições de Russell se deve ao fato de que:
    a) ela não diferencia uma frase do enunciado de uma frase.
    b) ele confunde uso e menção.
    c) a teoria afirma que nenhum objeto existe.
    d) a teoria afirma que o objeto de uma descrição definida é pressuposto pela descrição.
    e) ela afirma que a referência ou a denotação é direta.

Atividades de aprendizagem

1. Explique a teoria das descrições definidas.

2. Explique a teoria dos objetos de Meinong.

3. Como a teoria das descrições permite objetar a teoria de Meinong? O que você acha dessa solução: ela parece estar de acordo com a maneira como usamos a linguagem diariamente?

4. Qual é a diferença entre uma expressão (ou frase), o uso de uma expressão (ou frase) e um enunciado?

5. Quais são as quatro principais características da teoria de Strawson sobre linguagem e referência? Por que ela parece muito mais envolvida e comprometida com o uso corriqueiro que fazemos da linguagem no dia a dia?

Atividades aplicadas: prática

1. As ideias de Frege e Russell influenciaram fortemente o trabalho de John Searle, muito respeitado na filosofia e também nos estudos sobre a inteligência artificial. Faça uma pesquisa e aponte quais as relações entre os tópicos trabalhados aqui e os desafios que a inteligência artificial enfrenta na busca pelo seu desenvolvimento.

IV

Crítica à teoria ortodoxa da referência

Vamos pensar no seguinte caso. Já aceitamos que a relação entre nomes e objetos é mediada por sentidos ou descrições definidas. Assim, no ato de nos comunicarmos por meio daquele nome a um indivíduo A, associamos uma descrição definida que apanha outro indivíduo B. Então, o que devemos concluir: que o nome se refere a A ou a B?

Neste capítulo, iremos rever as três principais teorias apresentadas até aqui, a teoria de Frege, a de Russell e a de Strawson. Ao contrário de como foi exposto anteriormente, ao invés de apresentá-las como contrastantes em seus aspectos, veremos aqueles aspectos que são comuns às três. Veremos que todas concordam sobre o modo como se processa o mecanismo da referência, por exemplo. Essa doutrina era amplamente aceita até mais da metade o século XX por filósofos e linguistas. Contudo, na segunda metade do século XX, uma bateria de argumentos contra a teoria descritivista foi proposta.

Nesse contexto, nomes como John Perry, Keith Donnellan, Saul Kripke, David Kaplan e Nathan Salmon fizeram parte da reação ao paradigma fregeano da referência.

Nesta seção, portanto, apresentaremos um apanhado geral sobre a teoria ortodoxa da referência, aproveitando para estudar os argumentos de Donnellan sobre duas formas distintas em que podemos usar uma descrição definida. Na sequência, acompanharemos os argumentos modal, epistêmico e do erro na base das críticas de Kripke. Por fim, vamos ver o argumento da Terra Gêmea, de Hilary Putnam.

4.1 Teoria ortodoxa da referência

A teoria ortodoxa da referência, também conhecida como *teoria descritivista da referência*, consiste na doutrina de acordo com a qual nomes próprios são sinônimos de descrições definidas. Foi defendida por autores como Frege, Russell, Strawson e John Searle, que buscaram explicitar que o significado de um nome é o mesmo que o significado de uma ou mais descrições definidas.

Apresentamos o significado de uma descrição definida no capítulo anterior, sendo aquelas expressões do tipo "o F", que possuem um conteúdo conceitual, ou seja, formado por conceitos.

Quando falamos *conteúdo*, queremos dizer o significado por ele mesmo, a entidade correspondente, a característica que duas expressões podem apresentar ao ter o mesmo significado. Desse modo, quando empregamos um nome como *Aristóteles*, por exemplo, o descritivismo implica que esse uso e a comunicação do objeto referido só são possíveis se houver uma descrição definida associada ao nome pelo falante e pelo ouvinte.

Outra consequência do descritivismo é que a referência do nome depende da descrição associada. Assim, se associamos a descrição "o mestre de Alexandre, o Grande", a referência de "Aristóteles" será aquele indivíduo que unicamente satisfaz a descrição definida. Não importa quem seja, o nome "Aristóteles" rastreará aquele indivíduo que é o mestre de Alexandre, o Grande, ou seja, aquele único indivíduo que satisfaz os conceitos expressos pela descrição.

É basicamente esse o mecanismo de referência entre os nomes comuns ou ordinários e os objetos que eles nomeiam. Nomes como *Cícero* só referem por meio de certas condições, assim como a referência de "Cícero" só é assim considerada se satisfizer as condições associadas ao nome.

4.2 Crítica de Donnellan

Keith Donnellan (1931-2015), quando ainda era professor da Universidade de Cornell, em Nova Iorque, escreveu o artigo *Reference and Definite Descriptions* (1966), no qual mostrou algo extraordinário. Ele combinou aspectos tanto da teoria das descrições definidas de Russell quanto da distinção entre frase e uso de uma frase de Strawson.

Donnellan foi um dos primeiros filósofos a contestar o modelo tradicional de referência, de acordo com o qual a referência é determinada unicamente segundo alguma descrição definida associada ao nome. O professor percebeu um fator importante quanto ao propósito de fazer alguma asserção sobre um objeto ou de apontar alguma característica dele. O que ele notou foi que, quando usamos essas descrições definidas para chamar atenção de alguém para algum objeto, muitas vezes somos bem-sucedidos mesmo quando a descrição, digamos assim, "erra o alvo".

Esse ponto do texto é muito importante, então, esforçaremos-nos em tentar torná-lo ainda mais claro. É essencial compreendê-lo, uma vez que todo o restante deste capítulo pressupõe essa ideia de que a referência de um nome não depende de uma descrição definida associada a ele.

Donnellan (1966) apresentou um caso que se tornou *standard* em discussões sobre a referência. Ele mostrou que podemos usar uma descrição definida com sucesso, ou seja, podemos perfeitamente fazer com que nosso interlocutor selecione o objeto correto acerca do qual queremos fazer alguma asserção, mesmo que a descrição definida não capture nada no contexto.

Para mostrar isso, Donnellan (1966) apresentou um caso no qual duas pessoas se encontram em uma festa e começam a conversar. Em certo momento, vendo uma mulher segurando uma taça, um deles comenta: "a mulher tomando champanhe é muito bonita", e o interlocutor, compreendendo perfeitamente o que foi dito e sobre quem foi dito, concorda. Acontece que, naquela ocasião, o que a mulher estava tomando não era champanhe, mas água, ou seja, o objeto não satisfaz a descrição empregue. Na verdade, nada satisfaz, nenhum indivíduo no ambiente está tomando champanhe. Essa ocasião ilustra perfeitamente o que foi aludido por Donnellan. A expressão "a mulher tomando champanhe" é uma descrição definida, contudo, não apanha nenhum indivíduo, pois o que a mulher está tomando não é champanhe.

Com isso, abriu-se um campo de estudos dentro do qual a referência de uma descrição definida não mais era determinada univocamente de acordo com os conceitos envolvidos no seu significado. Mas, então, a teoria de Russell estava errada? Sendo assim, devemos abandonar completamente a teoria das descrições? A resposta é "não". No início do capítulo anterior, vimos que a teoria de Strawson não derrubava a teoria das descrições de Russell. Vejamos agora o porquê, levando em consideração que o responsável por essa descoberta, mais uma vez, foi Donnellan.

O primeiro grande *insight* de Donnellan (1966) foi perceber que há casos nos quais usamos uma descrição definida para chamar atenção de alguém sobre algum objeto, mas sem que esse objeto satisfaça a descrição. O autor poderia perfeitamente estender esse caso para os demais casos da linguagem. Contudo, mais uma vez, ele viu que, em muitos outros casos, é de extrema importância que o objeto satisfaça a descrição empregue. Imagine, por exemplo (esse não é um exemplo de Donnellan), que alguém diga: "o inventor do telescópio, sem dúvida, era uma pessoa muito inteligente". Nesse caso, nós, que hoje em dia acreditamos que Hans Lippershey foi o inventor do telescópio, associamos a descrição definida "o inventor do telescópio" ao nome *Lippershey*. Agora, digamos que a pessoa que proferiu a frase "o inventor do telescópio era alguém muito inteligente" não saiba que foi Lippershey quem o inventou, e mais, suponhamos que, na verdade, quem inventou o telescópio não foi Lippershey, mas sim seu assistente. Nesse caso, a referência de "o inventor do telescópio", a despeito da história ter nos contado que foi Lippershey o inventor, é o assistente que a descrição definida seleciona.

Isso nos mostra que quem de fato satisfaz a descrição é que se torna a referência, por mais que não saibamos quem é de fato a referência. Da mesma forma podemos nos referir, por meio de uma descrição definida, a um objeto que não conhecemos do passado – podemos fazê-lo com um objeto do futuro. Por exemplo, não sabemos quem foi "a primeira criança a nascer no século XXII", mesmo porque ela ainda nem sequer existe, ela ainda não nasceu. Podemos falar "o time vencedor da Copa do Mundo de 2018" ou "o homem mais baixo do mundo".

Em todos esses casos, referimos a objetos que não conhecemos e cuja identidade (aquele indivíduo específico) é irrelevante para a descrição. Na realidade, a única coisa que importa é o indivíduo que realmente satisfaz a descrição. E se não foi Lippershey quem inventou o telescópio, será justamente aquela única pessoa que realmente inventou o telescópio que se tornará o referente ou a denotação da descrição definida.

Vejamos agora de que maneira Donnellan (1966) conseguiu harmonizar as teorias de Russell e Strawson. Russell defende o modelo de denotação já apresentado, no qual a descrição definida é essencial para capturar a referência. Mas, como vimos no início deste capítulo, há usos nos quais a descrição definida utilizada não captura o sujeito desejado. Por exemplo: digamos que queiramos falar sobre Lippershey, ele mesmo, e para tal empregamos a descrição definida "o inventor do telescópio" e digamos novamente que ele não foi o inventor do telescópio. Assim, podemos nos referir perfeitamente bem a Lippershey usando uma descrição que não o refere. Como, então, harmonizar esses dois casos?

A resposta de Donnellan foi unir as teorias de Russell e Strawson, apontando, com Strawson, que o que importa primeiramente é o uso que é feito da descrição. Devemos levar em consideração que, nesse caso, há dois usos possíveis para uma descrição definida, que não são conflitantes. Trata-se da distinção atributivo/referencial, o que significa que é possível usar a mesma descrição definida de dois modos diferentes, de modo atributivo e de modo referencial.

O modo atributivo de usar uma descrição trata daquele caso no qual não estamos a falar de uma pessoa específica que temos em mente, mas de alguém que satisfaz a descrição somente – como no caso de "o inventor do telescópio era sábio", frase dita por alguém que não sabe quem especificamente foi o inventor. Acontece que, seja lá quem tenha inventado o telescópio, a frase afirma que é inteligente e trata-se do uso atributivo.

Já o uso referencial trata daquele caso no qual os conceitos envolvidos na descrição são irrelevantes para a determinação da referência. Digamos que alguém esteja querendo falar de Lippershey, ele mesmo, e usa a descrição "o inventor do telescópio". Mesmo na situação na qual não foi ele quem inventou, é possível imaginar que podemos chamar atenção para o indivíduo Lippershey usando uma descrição que ele não satisfaz.

Donnellan (1966) apresenta esses dois usos possíveis por meio de outro exemplo bastante iluminador: imagine que um detetive é chamado à cena de um crime. Assim que ele chega ao local, vê a vítima de um assassinato e fica sabendo que o nome dela era Smith. Ao perceber as condições do corpo de Smith e presumir a forma como ele foi assassinado, o detetive conclui que aquele foi um assassinato brutal e extremamente violento. Com base nessas informações apenas, o detetive então enuncia a seguinte frase: "o assassino de Smith é insano". Podemos analisar esse uso como atributivo, basicamente porque o detetive não tem uma pessoa específica em mente, está se referindo a quem quer que seja o assassino de Smith – ou seja, não importa quem fez isso, mas quem o fez deve ser louco. Esse é o uso atributivo, a afirmação "x é louco" é satisfeita unicamente pelo indivíduo que assassinou Smith, aquele que satisfaz o conceito expresso na afirmação.

Mas existe outro caso, o do uso referencial da descrição definida. O uso referencial, como vimos, trata daquele caso no qual a descrição é menos importante para a determinação do indivíduo acerca de quem se pretende afirmar algo. Tomemos a mesma frase, mas em um contexto diferente. Imagine que agora o mesmo detetive se encontra em um tribunal diante do réu confesso do assassinato de Smith. Digamos que o comportamento desse sujeito que confessou ter assassinado Smith é bastante divergente de alguém com plenas capacidades cognitivas. Assim, observando o comportamento do réu, o detetive profere a seguinte sentença: "o assassino de Smith é insano". Suponhamos ainda que esse sujeito que apresenta um comportamento muito estranho no tribunal e que confessou o assassinato de Smith na verdade é inocente, não foi ele quem cometeu o assassinato. Dessa forma, ainda que a descrição não selecione o sujeito no banco dos réus, pois ele não assassinou Smith, a descrição funciona perfeitamente para chamar atenção para o objeto desejado. Isso porque é daquele sujeito que está sendo acusado de assassinato que o detetive tem a intenção de asserir insanidade a respeito. Esse é justamente um uso referencial de uma descrição definida, um uso no qual o conceito ou os conceitos expressos pela descrição são irrelevantes para selecionar o indivíduo correto.

Portanto, além da teoria de Donnellan mostrar que é possível combinar aspectos da teoria tanto de Strawson quanto de Russell, ela também abriu caminho para pensar a referência com base em um modelo distinto do tradicional. Esse modelo toma que nomes próprios da linguagem se referem sem o intermédio de descrições definidas, ou seja, diretamente. E é justamente essa a expressão (*diretamente*) que define a principal característica dessa nova doutrina, que ficou conhecida como *teoria da referência direta*.

4.3 Objeções de Kripke

Saul Kripke, nascido em 1940, é um filósofo norte-americano responsável por uma série de argumentos em prol da teoria da referência direta, de acordo com a qual nomes referem diretamente sem o auxílio de descrições definidas. Kripke apresenta seus argumentos no livro *O nomear e a necessidade* (2012), baseado em uma série de palestras proferidas em 1973 na Universidade de Princeton, em Nova Jérsei. Uma das primeiras considerações de Kripke é um caso envolvendo referência histórica. Imagine que aquilo que sabemos sobre Sócrates fosse falso, que ele não foi mestre de Platão, não se casou com Xantipa e sequer foi um filósofo. Ainda assim, sempre que proferimos seu nome, o associamos a uma das informações citadas. Mas, então, nesse caso, estamos nos referindo a quem? A resposta de Kripke é: ao mesmo Sócrates.

Expliquemos mais detalhadamente. O principal argumento de Kripke é conhecido como argumento modal, pois ele utiliza as noções modais de necessidade e possibilidade. Nessa direção, precisamos entender essas noções fundamentais de necessidade e possibilidade inseridas no argumento, mas principalmente a noção de mundo possível, por meio da qual todas as demais noções modais são entendidas.

Necessidade, possibilidade e contingência são propriedades de proposições, ou seja, quando dizemos que algum fato é necessário, contingente ou possível, na verdade é a proposição que descreve aquele fato que recebe a propriedade de assim ser. Dizemos que uma proposição é necessária se ela não poderia ter sido falsa e contingente, se ela é verdadeira em alguns mundos possíveis e falsa em outros mundos possíveis.

Percebemos que uma definição mais técnica exige o conceito de mundos possíveis. Assim, exemplos de proposições necessárias que não poderiam ter sido falsas são "2 + 2 = 4" ou "Sócrates = Sócrates". Isso significa que, em hipótese alguma ou em nenhum mundo possível, "2 + 2" terá outro resultado, do mesmo modo que em nenhum mundo possível Sócrates é diferente de si mesmo. Exemplo de proposição contingente pode ser "a porta está aberta", o que quer dizer que em alguns mundos possíveis a porta está aberta e em outros ela não está. Uma proposição possível é simplesmente uma proposição que é verdadeira em algum mundo possível, como "Sócrates é filósofo". Nesse caso, basta que ela possa ser verdadeira para ser possível. Mas, afinal de contas, o que então é um mundo possível?

O conceito de mundo possível remonta pelo menos a Leibniz, muito embora tenha sido incorporado à lógica filosófica apenas no século XX. Considere o mundo em que vivemos com todas as coisas que existem ao nosso redor, as coisas da mesma forma como elas são. Isso inclui não apenas o planeta Terra, mas o universo como um todo.

Assim, nosso discurso sobre as coisas é um discurso sobre as coisas *atuais*, que atualmente existem da maneira como atualmente são: "Dilma Rousseff como a presidente do nosso país", "a Alemanha como atual campeã da Copa do Mundo", "o que você comeu no almoço", "a quantidade de planetas do nosso sistema solar". Mas não "Sherlock Holmes", "o Brasil ganhou da Alemanha", "eu ter almoçado caviar em um iate navegando no Pacífico".

Dessa maneira, tudo que é verdadeiro nesse universo é atual. Imagine, portanto, todas as proposições que descrevem o nosso universo, cada átomo, cada pensamento, cada palavra dita, cada movimento, cada gesto ou sensação. O conjunto total dos fatos que são o caso é o que chamamos de um *mundo possível*, como a realidade de fato é. Obviamente há um número muito grande de proposições que poderiam ter sido verdadeiras, mas são falsas. Você poderia ter ido por um caminho diferente para o trabalho, poderia ter almoçado algo diferente, poderia ter se vestido com outras roupas.

Nesse sentido, há vários modos como o mundo poderia ter sido. Falando de outra forma, existem vários mundos possíveis alternativos, ou seja, vários modos como as coisas poderiam ter acontecido. São diferentes mundos, que poderiam ter sido o nosso, mas são apenas possíveis, e não atuais. Pense em um arranjo infinito de universos, correspondendo aos infinitos modos como o nosso universo poderia ter sido, mas não é.

Agora, consideremos mundos possíveis do ponto de vista da verdade da sentença. A verdade de uma sentença depende, em primeiro lugar, de como o mundo é: a verdade de "a Seleção Brasileira perdeu de 7×1 da Alemanha" depende dos fatos que compõem o mundo em que vivemos (por mais difícil que seja aceitar esse fato). "Obama é o presidente dos EUA" também é verdadeiro em nosso mundo possível, mas Obama não deveria ter sido presidente dos EUA obrigatoriamente, já que há muitos mundos possíveis em que Mitt Romney se tornou presidente, assim como vários outros mundos possíveis no qual a frase "Mitt Romney é o presidente dos EUA" é verdadeira, justamente naqueles mundos onde Romney é atualmente presidente.

E podemos ir além, ou seja, podemos considerar mundos onde você, eu ou a Xuxa poderíamos ter sido presidentes norte-americanos. Há ainda outros mundos onde não há qualquer presidente, onde não há EUA ou sequer vida na Terra. Com isso, podemos constatar que o valor de verdade de uma frase varia de acordo com o mundo possível. Para os nossos propósitos (compreender aspectos da filosofia da linguagem), não precisamos encarar metafisicamente o conceito de mundo possível. Não é preciso que o tomemos como realidade alternativa, mas apenas como um modo de falar metaforicamente, como uma imagem que nos auxilia a compreender aspectos da linguagem.

Assim como as sentenças mudam de valor de verdade de mundo para mundo, termos singulares também mudam de referente de mundo para mundo: "o presidente do Brasil" (ao menos em 2015) designa Dilma Rousseff, mas, como dissemos, Dilma poderia nem mesmo ter sido eleita, poderia ter perdido nas eleições já em 2010. Nesse caso, nesse mundo possível, o termo singular "o presidente do Brasil" designa José Serra, ou melhor, em vários outros mundos possíveis designa José Serra. Dilma poderia não ter entrado para a política, poderia nem ter nascido. Outras pessoas poderiam ter se candidatado, e assim a referência de "o presidente do Brasil" poderia ter sido diferente em diferentes mundos possíveis. Dessa forma, a descrição definida "o presidente do Brasil" assume um significado diferente em cada mundo possível. A descrição não designa o mesmo indivíduo em todos os mundos possíveis, embora possa designar em vários mundos diferentes.

Agora já temos as ferramentas necessárias para apresentar de maneira detalhada a objeção de Kripke à teoria das descrições definidas. Uma descrição definida, ao estilo de Russell, portanto, pode assumir um valor semântico diferente, que é o mesmo que uma referência, em diferentes mundos possíveis. Mas será que o mesmo acontece com nomes próprios ordinários, como *Aristóteles*, *Obama* ou *Sofia*? A resposta de Kripke é "não": nomes próprios não são como descrições definidas, pois eles possuem a mesma referência em todos os mundos possíveis.

Nomes próprios são considerados expressões rígidas, ou seja, a referência não varia. Consideremos Aristóteles, que foi discípulo de Platão, mestre de Alexandre, o Grande e que escreveu vários tratados filosóficos, como a *Metafísica*. Agora, imaginemos um mundo possível onde Aristóteles não foi mestre de Alexandre, o Grande, porém, fez todas as outras coisas que lhe são atribuídas. Obviamente, nesse mundo possível, o nome "Aristóteles" ainda se refere ao mesmo indivíduo Aristóteles.

Continuemos com esse procedimento, mas agora em outro mundo possível. Aristóteles não foi mestre de Alexandre, nem escreveu a *Metafísica*. Não temos nenhum motivo para acreditar que nesse mundo possível o nome "Aristóteles" designe outro indivíduo que não o próprio Aristóteles.

Agora, imaginemos um terceiro mundo possível, no qual Aristóteles não fez nenhuma dessas coisas, não foi discípulo de Platão, não foi mestre de Alexandre, não escreveu a *Metafísica*, sequer foi filósofo. Temos alguma razão para crer que o nome "Aristóteles" já não designa o indivíduo Aristóteles? Obviamente que não, do mesmo modo que se descobríssemos, por meio de revelações de historiadores, que certa figura histórica não realizou nenhum dos feitos que eram atribuídos a ela até então, o nome que usamos para nos referirmos não deixaria de se referir a ela. Nesse caso, sequer seria possível dizer que "fulano" não foi responsável por aqueles feitos, pois sempre que usássemos o nome "fulano" estaríamos presos aos feitos ou a certas propriedades atribuídas a "fulano".

Outro argumento de Kripke é o do erro. Kurt Gödel é um reconhecido matemático austríaco, famoso por descobrir o teorema da incompletude em matemática. Geralmente, quando se usa o nome Gödel para se referir ao matemático, muitos o associam à informação "o descobridor do teorema da incompletude". Agora, imagine que Gödel, na verdade, roubou a tese de um colega que foi encontrado morto às margens de um rio. Nesse caso, se a teoria das descrições estivesse correta, quando alguém associasse a informação "o descobridor do teorema da incompletude" ao nome "Gödel", deveria, na verdade, referir-se ao amigo de Gödel encontrado morto, pois foi ele quem realmente descobriu o teorema da incompletude.

Mas sabemos que isso não ocorre, ou pelo menos não é essa a inclinação natural que temos. Quando usamos o nome "Gödel", não importa o sentido atribuído ou a descrição associada, é ao próprio Gödel que nos referimos, e não ao sujeito que satisfaz unicamente a descrição.

Há ainda um terceiro argumento, conhecido como argumento epistêmico. A epistemologia é um ramo da filosofia que lida com o conhecimento humano e com os modos de conhecimento. Assim, esse argumento envolve conceitos epistêmicos, que dizem respeito ao modo como conhecemos a verdade de certas proposições. Os conceitos empregados no argumento são os *a priori* e *a posteriori*.

Comecemos com o conceito de **analiticidade**. Kant (2001) definia *analiticidade* como uma característica de juízos nos quais o conceito expresso pelo predicado já está contido no conceito expresso pelo sujeito. Um exemplo disso é "todo corpo é extenso", ou seja, o conceito de extensão já está contido no conceito de corpo. Assim, se algo é um corpo, esse algo deve ser extenso. Uma sentença ou proposição é analítica se é verdadeira unicamente em virtude do seu significado. Por exemplo: em "todo solteiro é não casado", o conceito de não casado está contido no conceito de solteiro; assim, tanto essa quanto a frase anterior são frases verdadeiras unicamente em virtude do seu significado. Temos como resultado que toda proposição analítica pode ser conhecida *a priori*. Mas o que é uma proposição *a priori*?

Uma proposição *a priori* é uma proposição que pode ser conhecida sem o recurso da experiência, independentemente da experiência. Não precisamos investigar o mundo para saber que ela é verdadeira, basta que pensemos nos significados dos conceitos envolvidos para chegamos a essa conclusão. Desse modo, não precisamos verificar cada caso de solteiro para concluir que todo solteiro é não casado; não precisamos, tampouco, verificar cada corpo existente no universo para concluir que todo corpo é extenso. Então, *a priori* diz respeito ao conhecimento, ao que podemos conhecer sem o auxílio da experiência. São verdades que podemos descobrir sozinhos, basta que pensemos nos significados envolvidos.

Podemos definir conhecimento *a posteriori* em detrimento de conhecimento *a priori*. Então, se *a priori* significa conhecível em virtude do significado, *a posteriori* significa conhecível em virtude dos fatos. Um exemplo de proposição *a posteriori* é "a porta está aberta". Não há como saber a verdade dessa frase apenas inspecionando os significados de "porta" e "aberta" para saber se a porta está ou não aberta. Portanto, uma frase ou proposição *a posteriori* exige o recurso da experiência para que possamos conhecer o seu valor de verdade, se é falsa ou verdadeira.

Os três conceitos apresentados até aqui merecem apenas mais uma clarificação: A qual domínio cada um pertence? Sem dúvida, o conceito de analiticidade pertence ao domínio da **semântica**, pois diz respeito aos significados expressos. Uma sentença só tem a propriedade de ser analítica se é verdadeira em virtude dos seus significados, pois é justamente a semântica que trata das questões acerca de significados. Já os conceitos de **aprioricidade** e **aposterioridade** pertencem ao domínio da epistemologia, pois dizem respeito a modos de conhecer as proposições.

Era comum, ao menos até Kripke, relacionar os conceitos de *a priori* com necessidade e *a posteriori* com contingente. Isso porque, em geral, não faz muito sentido que possamos ser capazes de conhecer um fato contingente sem o auxílio da experiência. Você é capaz de saber se a porta de entrada do Museu do Louvre está neste momento aberta ou fechada apenas pensando nos significados envolvidos? A resposta que, a princípio, parece mais sensata é a de que isso não é possível, pois ela pode tanto estar aberta agora quanto estar fechada, não temos como saber sem olharmos.

Nesse caso, só nos resta uma opção: o único tipo de proposição que pode ser conhecida *a priori* são proposições necessárias cujo valor de verdade não varia, pois não depende do que acontece ou deixa de acontecer no mundo. Havia, então, uma relação íntima entre esses tipos de conhecimento e os conceitos metafísicos de necessidade e contingência, que podia ser traduzida em: necessário = *a priori* e contingente = *a posteriori*.

Mas Kripke (2012) mostrou que essas correlações poderiam não estar corretas. Ele demonstrou que existem casos nos quais podemos descobrir apenas por meio da experiência (e assim, *a posteriori*) a verdade de certas proposições que são necessárias. A proposição em questão é a conhecida *"Hesperos é Phosphorus"*. Por se tratar de uma sentença de identidade "a = b", ela é necessária, é uma instância da lei de identidade da lógica aristotélica. Em nenhum mundo possível *Hesperos* é diferente de si mesmo, pois nenhum objeto é. Kripke comenta que a descoberta de que *"Hesperos é Phosphorus"* só foi possível por meio de pesquisa empírica, de observação astronômica. Portanto, esse é um caso no qual temos uma verdade necessária, *"Hesperos é Phosphorus"*, que só pode ser conhecida *a posteriori*, e essa é a conclusão de Kripke, ou seja, de que há conhecimentos necessários, *a posteriori*.

Outra descoberta interessante de Kripke (2012) é que, por mais contraintuitivo que possa parecer, há conhecimentos contingentes *a priori*. Não se trata de uma proposição exatamente, como "a porta do Louvre está aberta", mas da estipulação de uma unidade de medida. Kripke apresentou a possibilidade de um tipo de conhecimento no livro *o nomear e a necessidade* (*Naming e Necessity*), no qual critica uma posição defendida por Wittgenstein sobre o metro padrão, que consiste em uma barra de metal que se encontra na França e que estabelece a unidade de medida *metro* – ou seja, ele é o padrão a partir do qual se estabelece que algo tem um metro.

Chamemos essa barra padrão de *S*. Wittgenstein diz sobre *S* que não podemos dizer nem que ele tem nem que ele não tem um metro. Kripke, reagindo a essa tese, afirma não apenas que podemos, sim, dizer que a barra *S* tem um metro de comprimento como também sabemos *a priori* que ela tem um metro.

O argumento é o seguinte: imagine que em algum momento da história alguém tenha recebido a importante tarefa de reestruturar o sistema métrico; suponhamos que a unidade de medida vigente dificulte o cálculo de grandes e pequenas proporções. Assim, incumbido dessa tarefa, o primeiro passo é encontrar uma nova medida. Não demora muito, certo pedaço de metal é encontrado com uma dimensão tal que serve aos propósitos almejados. Assim, quando o personagem encontra essa barra *S*, ele, digamos assim, batiza-a como o novo padrão de medida que se chamará *metro*. Portanto, o comprimento da barra é um metro, e isso é determinado por estipulação, não com base em um procedimento de mensuração, mesmo porque não havia como medir a barra a não ser por meio do sistema métrico anterior.

A consequência disso, segundo Kripke, é que a pessoa que batizou a barra *S* sabia de antemão, *a priori,* que ela tinha um metro, não foi preciso uma fita para medir, pois isso sequer era possível. A outra característica desse exemplo é que o tamanho da barra poderia variar, ela não tinha o tamanho que tinha de modo necessário, era contingente que ela tivesse aquele tamanho. Em outros mundos possíveis, ela poderia ter a metade do tamanho, um terço do tamanho, o dobro do tamanho. Nada impediria que seu comprimento pudesse ter sido outro, logo, é contingente que ela tenha o tamanho que tem. Assim, podemos dizer que o personagem imaginário sabe *a priori* que a barra *S* tem um metro e, como o tamanho poderia variar, ele conhece uma proposição (*S* tem um metro) contingente, de modo *a priori*.

A tese de Kripke mostra que é possível inverter a relação entre os conceitos epistêmicos (*a priori*/*a posteriori*) e metafísicos (contingente e necessário). Até então:

Necessário × *a priori*
Contingente × *a posteriori*

O que Kripke fez foi mostrar que:

Necessário × *a posteriori*
Contingente × a *priori*

Já temos aqui as distinções necessárias pra explicar o argumento epistêmico de Kripke. Veja as seguintes frases:

1. Se Aristóteles existe, então é o filósofo grego que escreveu a *Metafísica*.
2. Se existe o filósofo grego que escreveu a *Metafísica*, então ele é Aristóteles.

Se o descritivismo for correto, sempre podemos trocar a ocorrência do nome *Aristóteles* pela descrição definida "o autor da *Metafísica*", que expressa o seu sentido. Contudo, se trocarmos as expressões, concluiremos que o resultado é uma proposição analítica.

1. Se existe o filósofo grego que escreveu a *Metafísica,* então ele é o filósofo grego que escreveu a *Metafísica.*

Mas, de modo algum podemos aceitar esse resultado, justamente pelo fato de que toda proposição analítica é conhecível *a priori*; e de modo algum podemos saber *a priori*, sem a experiência empírica, que Aristóteles escreveu a *Metafísica*, só podemos saber isso mediante a experiência empírica. Assim, a conclusão natural a que podemos chegar é a de que o nome *Aristóteles* não é equivalente a essa descrição definida, do mesmo modo que o nome *Sócrates* não é equivalente a qualquer outra descrição definida. Podemos fazer o mesmo procedimento várias vezes, trocando as descrições envolvidas. O resultado, no entanto, sempre será o mesmo.

1. Aristóteles foi o mais proeminente aluno de Platão.
2. O mais proeminente aluno de Platão foi o mais proeminente aluno de Platão.

Finalmente, aquilo que Kripke mostra com o argumento epistêmico é que, se o descritivismo for aceito, frases nitidamente sintéticas, contingentes e conhecíveis *a posteriori* se tornam analíticas, necessárias e conhecíveis *a priori*, o que é absolutamente inadmissível. Ou você acredita que é possível saber algo sobre uma pessoa apenas pensando no significado do nome dela?

É imprescindível neste momento fazermos algumas considerações gerais sobre esses argumentos. Kripke não tem uma tese específica sobre nomes próprios. Ele apenas generaliza usos normais que fazemos diariamente dos nomes. As duas únicas teses que Kripke afirma defender é o millianismo e a tese sobre a rigidez de nomes próprios, que pode ser tomada nesse contexto como uma consequência da primeira tese.

O millianismo faz referência ao famoso filósofo Stuart Mill, que, em seu tratado de lógica, afirmou que nomes próprios são como meros rótulos, que não possuem conotação (sentido), apenas denotação (referência).

Assim, o único elemento que compõe o significado de um nome é o objeto ao qual ele se refere. A rigidez dos nomes próprios é a tese de que nomes designam o mesmo indivíduo em cada mundo possível em que esse ser existe. Essa segunda tese é uma consequência da primeira justamente porque o nome não envolve em seu significado aspectos ou propriedades contingentes do indivíduo. Dessa forma, o nome *Sócrates* se refere ao indivíduo Sócrates independentemente de ele ter sido filósofo, mestre de Platão ou ter se casado com Xantipa. Em outros mundos possíveis, onde nada disso aconteceu, o nome continua se referindo ao mesmo objeto. Por aqui, já temos o bastante da teoria de Kripke contra o descritivismo. Veremos agora o argumento mais curioso já desenvolvido até então contra o descritivismo: o argumento de Putnam, conhecido como *argumento da Terra Gêmea* (1973).

4.4 Argumento da Terra Gêmea

Chegamos agora à última parte deste capítulo, que trata especificamente dos argumentos contra a teoria ortodoxa da referência, mais conhecida como *descritivismo*. A teoria merece lugar de destaque, pois tem um duplo gol entre teorias de pretensões semânticas. Ela é válida, pois assim como os argumentos de Kripke e Donnellan ajudaram a mostrar que nomes próprios não são sinônimos com descrições definidas, ela expõe que o significado das expressões da linguagem não está "na cabeça", ou seja, não se trata de entidades mentais.

O foco do argumento de Putnam, nascido em 1926, diferentemente dos argumentos de Kripke e de Donnellan, que focam nomes próprios, são expressões conhecidas como *termos de espécies naturais*. Cabem nessa categoria expressões como *ouro, tigre, água*, ou seja, termos que se referem a substâncias naturais que não são fruto de manufatura. O argumento, assim, desenvolve-se como resposta à pergunta: Estão os significados na cabeça? Portanto, a pretensão de Putnam (1973) é mostrar que o significado de termos para espécies naturais: 1) não está na mente e 2) também não é equivalente a qualquer conjunto de descrições definidas.

Como a primeira parte do argumento tenta mostrar que significados não são entidades mentais, é importante apresentar primeiramente o que são *estados mentais*. Um estado mental é aquele em que nos encontramos quando apreendemos um sentido fregeano, o que consiste no processo que se desenvolve quando entendemos uma expressão ou uma frase proferida.

Outra característica importante sobre um estado mental é: Como podemos reconhecer que duas pessoas possuem o mesmo estado mental e uma pessoa possui dois estados mentais distintos? Para isso, chamaremos de S um sujeito que seja um falante competente de determinada língua e $M1$ e $M2$ dois estados mentais diferentes de O. Desse modo, o estado mental $M1$ de S é o mesmo estado mental $M2$ de S acerca de um objeto O se, e somente se, S tiver o mesmo comportamento diante de O, tanto em relação a $M1$ quanto em relação a $M2$; e dois sujeitos diferentes $S1$ e $S2$ se encontram no mesmo estado psicológico *M1* acerca dos objetos *O1* e *O2,* que *S1* e *S2* acreditam ser o mesmo objeto, pois apresentam o mesmo comportamento.

O exemplo tradicional é o seguinte: imagine que há um copo de Coca-Cola e um copo de vinho tinto sobre uma mesa. É quando *S1* pega o copo contendo Coca-Cola e diz: "vou beber este copo de Coca-Cola" e *S2* pega o copo de vinho tinto e diz: "vou beber este copo de Coca-Cola". O que ocorre é que ambos possuem o mesmo estado mental *M1* acerca de dois objetos diferentes. De acordo com nossa definição, os dois sujeitos têm o mesmo comportamento em relação aos objetos distintos *O1* e *O2*. Essa distinção é de vital importância para a compreensão do argumento da Terra Gêmea. Podemos, assim, ir a ele.

Suponha que exista um planeta muito parecido com a Terra, chamado *Terra Gêmea*. Nesse planeta, toda a história natural é semelhante à da Terra, há os mesmos rios, mares, montanhas e vulcões. Mas não apenas isso, pois todas as pessoas que existem aqui na Terra possuem uma contraparte na Terra Gêmea. Desse modo, até a história social é idêntica à da Terra. Lá as pessoas falam a mesma língua que nós e para cada objeto existente na Terra há um correlato na Terra Gêmea. Cada grão de areia e pensamento que ocorre na mente de alguém aqui também ocorre lá.

No entanto, a despeito da espantosa semelhança entre as duas terras, há uma diferença, a composição química da água. Na Terra, é como conhecemos, H_2O, já na Terra Gêmea é diferente. Por tratar-se de uma substância cuja composição química é muito complexa, podemos abreviá-la para XYZ. Embora haja uma diferença na composição química entre esses dois líquidos, água e água gêmea, eles são precisamente iguais e podem ser usados para as mesmas tarefas.

Assim, os lagos, os rios e os mares da Terra Gêmea são preenchidos por XYZ, as pessoas se hidratam com XYZ, nadam em XYZ, tomam banho com XYZ, lavam os carros com XYZ, chove e neva XYZ.

Imaginemos, agora, que, com base no cenário construído, um habitante da Terra tenha a oportunidade de viajar para a Terra Gêmea. Uma nave espacial parte da Terra em direção à Terra Gêmea levando esse habitante. De início, essa expedição tinha como pressuposição que absolutamente tudo era idêntico nas duas Terras, incluindo a referência de "água". Portanto, acreditava-se que a referência da expressão *água* era a mesma nas duas Terras. No entanto, pouco tempo depois, foi descoberto que os líquidos possuíam composições químicas diferentes e que a água da Terra era diferente da água na Terra Gêmea, pois:

$$\text{Água} = H_2O$$

e

$$\text{Água gêmea} = XYZ$$

Desse modo, foi reportada à Terra a seguinte constatação:

"Na Terra Gêmea, 'água' significa XYZ".

Agora, imagine o oposto, que seja enviado da Terra Gêmea um visitante em direção à Terra com o mesmo propósito de investigar essa descoberta científico-astronômica de proporções jamais vistas. Como no caso anterior, acreditava-se na Terra Gêmea que o líquido que preenchia os rios e os oceanos da Terra era XYZ. Como no exemplo anterior, pouco tempo depois da chegada à Terra, o habitante originário da Terra Gêmea descobre que o líquido que na Terra é chamado de *água* possui a composição H_2O e envia um relatório reportando a seguinte constatação:

"Na Terra, 'água' significa H_2O"

A conclusão a que se chega é que, para os habitantes da Terra Gêmea, aquilo que é chamado de *água* por nós, habitantes da Terra, não é água para eles; e aquilo que é chamado de *água* pelos habitantes da Terra Gêmea não é água para nós. Exclusivamente porque a extensão do termo *água*, o objeto denotado, na Terra, é a formação de moléculas H_2O; e a extensão do termo *água* na Terra Gêmea é XYZ. Assim, água é diferente de água gêmea.

Dando sequência ao argumento, considere o ano de 1750. Naquela época, ninguém havia descoberto a natureza química da água, nem na Terra nem na Terra Gêmea. Nos dois planetas, os respectivos habitantes desconheciam que água é H_2O e que água gêmea é XYZ. Contudo, a despeito do fato de que, naquela época, essas informações eram desconhecidas de qualquer habitante de ambos os planetas, o fato é que os dois líquidos já eram diferentes, tal como em nos dias atuais. Isso ocorre basicamente porque a extensão de água sempre foi H_2O e a de água gêmea sempre foi XYZ.

Chamaremos de *Marco Polo* e *Marco Polo**, respectivamente, os dois habitantes da Terra e da Terra Gêmea que viajaram para o planeta do outro. Cada um dos dois possui os mesmos sentidos, as mesmas informações básicas sobre a água nos dois planetas, as mesmas sensações, os mesmos pensamentos e comportamentos e, assim, os mesmos estados mentais associados ao que cada um chama de *água*. Mas o fato de cada um dos nossos personagens possuir os mesmos estados mentais, relativos a dois objetos diferentes, água e água gêmea, não implica que as duas expressões possuem o mesmo significado. Não podemos, portanto, identificar o significado de uma expressão linguística com os estados psicológicos.

Devemos concluir com Putnam (1973) duas coisas: que os significados não estão na cabeça e que eles não devem ser associados a sentidos ou a descrições. Pense que um defensor da teoria descritivista poderia defender que o significado de água está associado às informações que possuímos relativas às experiências que temos do objeto referido pela expressão *água*. Por exemplo: "o líquido incolor e inodoro que usamos para nos hidratar", o que, do ponto de vista gramatical, é uma descrição definida. Mas, como foi mostrado, não podemos associar descrições definidas sequer a termos de espécies naturais, como água, tigre, ouro.

Síntese

Vimos neste capítulo uma reação à teoria descritivista da referência. Acompanhamos argumentos de várias ordens, desde aqueles desenvolvidos por Donnellan, concebidos como uma espécie de junção das teorias de Russell e Strawson, até argumentos extremamente sofisticados, como os argumentos modal e da Terra Gêmea de Kripke e Putnam. O principal de cada argumento será revisto agora.

Donnellan (1966) mostrou, no início da reação ao paradigma descritivista, que existem usos de descrições definidas nos quais os conceitos envolvidos na descrição não são decisivos para determinar a referência. A partir daí, ficou estabelecido que existem dois usos distintos de uma descrição definida: uso atributivo (semelhante à concepção russelliana de descrições definidas) e uso referencial, no qual os conceitos envolvidos não capturam semanticamente o objeto referido, porém, o objeto é selecionado de modo correto pelo interlocutor.

Kripke (2012) avançou a ofensiva contra a teoria das descrições, mostrando que, se nomes fossem equivalentes a descrições definidas, então, quando usássemos um nome associado a uma descrição que seleciona outro indivíduo que não o pretendido, a referência deveria ser o outro indivíduo, e não o pretendido. Para Kripke, nomes são rígidos, designam o mesmo indivíduo em todos os mundos possíveis em que esse indivíduo existe. Os principais argumentos avançados pelo autor foram o argumento modal, o argumento do erro e o argumento epistêmico. Cada um desses argumentos se utiliza de conceitos distintos. O argumento modal se utiliza de conceitos modais, como mundos possíveis, necessidade e contingência; o argumento do erro, de uma confusão sobre quem é de fato o autor do teorema da incompletude; e o argumento epistêmico, das noções de *a priori* e *a posteriori*.

Por fim, vimos o argumento da Terra Gêmea, um experimento imaginário desenvolvido por Hilary Putnam (1973), que estende o alcance das críticas contra o descritivismo para termos de espécies naturais. A amplitude do argumento de Putnam é tal que, além de mostrar que o sentido ou as descrições associadas a esses termos não determinam seus significados, os significados dessas expressões não estão na cabeça, uma vez que não são entidades mentais ou psicológicas.

A partir de então, pelo menos nos debates envolvendo teoria da referência, esse é o paradigma vigente: a teoria da referência direta ou, ainda, o millianismo. Mas há certa diferença entre uma coisa e outra. A teoria da referência direta afirma que nomes próprios não são equivalentes a descrições definidas. Assim, o conteúdo de nomes próprios não envolve descrições ou conceitos que servem de condições para a determinação da referência, para a determinação de um objeto como sendo a referência de um nome específico.

Já o millianismo é uma doutrina positiva, pois diz não o que o conteúdo de um nome não é, mas o que é. Para o millinismo, o conteúdo ou o significado de um nome próprio consiste apenas do objeto referido ou denotado pelo nome. Fica, assim, claro que o paradigma vigente assevera que, seja o conteúdo de nomes, seja o conteúdo de termos de espécies naturais, ambos referem sem o auxílio de descrições definidas.

Indicações culturais

Filme

THE imitation game. Direção: Morten Tyldum. EUA: Diamond Films, 2014. 115 min.

> Esse é um filme histórico que narra acontecimentos na vida do grande matemático britânico Alan Turing, uma figura-chave responsável por quebrar e decodificar o código secreto das mensagens nazistas e ajudar os aliados a vencer a Segunda Grande Guerra.

A OUTRA Terra. Direção: Mike Cahill. EUA: Imagem Films, 2011. 92 min.

Rhoda Williams, uma estudante de astrofísica no Instituto de Tecnologia de Massachusetts (MIT), anima-se quando vê um planeta e resolve dar uma olhada mais de perto. Ela atinge uma minivan, mata uma família e é presa por quatro anos. Quando é solta, busca o viúvo da família, o compositor John Burroughs. O planeta que ela viu é uma cópia do planeta Terra. Um concurso de dissertações é realizado com o objetivo de enviar o vencedor em uma nave espacial para visitá-lo. Williams considera a possibilidade de visitá-lo para ver que tipo de vida a cópia dela teria vivido.

Livro

GRAÇA, A. S. **Referência e denotação**: um ensaio acerca do sentido e da referência de nomes e descrições. Lisboa: Fundação Calouste Gulbenkian, 2003.

Esse livro trata dos mesmos tópicos apresentados neste capítulo, de uma forma mais aprofundada. Para aqueles que pretendem fazer alguma especialização em linguagem, essa é uma ótima obra.

Atividades de autoavaliação

1. Assinale como verdadeiro (V) ou falso (F):
   ( ) A teoria ortodoxa da referência afirma que descrições definidas e nomes próprios formam classes diferentes de expressões linguísticas.
   ( ) A teoria ortodoxa da referência toma que nomes próprios são equivalentes a descrições definidas.
   ( ) Frege, Russell e Strawson são defensores da teoria ortodoxa da referência.

( ) Kripke, Donnellan e Putnam defendem a teoria descritivista da referência.

( ) A teoria da referência direta é o paradigma vigente em filosofia da linguagem.

2. Com relação à teoria de Donnellan, assinale a alternativa correta:
   a) Mostra que a teoria de Russell é falsa.
   b) Afirma que apenas a teoria de Strawson é verdadeira.
   c) Harmoniza as teorias de Russell e Strawson.
   d) Mostra que só há um uso possível para descrições definidas.
   e) Afirma que há inúmeros modos como uma descrição definida pode ser usada.

3. Quais são os dois usos possíveis de uma descrição definida?
   a) Atributivo/referencial.
   b) Sentido e referência.
   c) Nome próprio e descrição.
   d) Pragmático e epistêmico.
   e) Básico e ácido.

4. Qual foi o primeiro filósofo a conceber a noção de mundos possíveis?
   a) Descartes.
   b) Platão.
   c) Aristóteles.
   d) Russell.
   e) Leibniz.

5. Quais conceitos são empregados no argumento semântico de Kripke?
   a) Descrições definidas e *a priori*.
   b) *A priori* e *a posteriori*.
   c) Mundos possíveis, contingente e necessário.
   d) Atributivo e referencial.
   e) Terra gêmea.

6. Sobre o argumento do erro, é correto afirmar que:
   a) ele procura mostrar que a descrição relacionada ao nome próprio é determinante ao selecionar a referência.
   b) nomes e descrições são equivalentes.
   c) se a teoria das descrições estivesse correta, "Gödel" não designaria Gödel, mas o amigo que foi o descobridor do teorema da incompletude.
   d) ele prova que Gödel não é um nome próprio.
   e) ele demonstra que Gödel é uma descrição definida abreviada.

7. Quais são os conceitos empregados no argumento epistêmico de Kripke?
   a) Descrições definidas e *a priori*.
   b) *A priori* e *a posteriori*.
   c) Mundos possíveis, contingente e necessário.
   d) Atributivo e referencial.
   e) Terra gêmea.

8. O argumento da Terra Gêmea de Putnam procura mostrar que:
   a) nomes próprios e termos de espécies naturais são designadores rígidos.
   b) termos de espécies naturais possuem um conteúdo descritivo.
   c) a Terra Gêmea não existe.
   d) o termo *água* não refere diretamente.
   e) o termo *água* na Terra Gêmea e na Terra têm o mesmo significado.

9. De acordo com a teoria de Putnam:
   a) estados mentais determinam o significado das expressões linguísticas.
   b) significados são entidades mentais.
   c) "água" e "água gêmea" possuem significados distintos.
   d) O estado mental de "água" na Terra é distinto do estado mental de "água" na Terra Gêmea.
   e) "água" e "água gêmea" possuem a mesma referência.

10. De acordo com o millianismo:
    a) os significados estão na mente.
    b) o conteúdo de um nome próprio é uma descrição definida.
    c) nomes contribuem apenas com o referente para a proposição expressa.
    d) nomes são descrições abreviadas.
    e) o descritivismo é uma doutrina correta.

Atividades de aprendizagem

1. Explique o argumento modal de Kripke.

2. Qual foi a contribuição de Kripke para a compreensão da relação entre conceitos modais e epistêmicos?

3. Explique a distinção atributivo/referencial de Donnellan. Apresente outros exemplos cotidianos por meio dos quais podemos constatar tal distinção.

4. Explique o argumento da Terra Gêmea de Putnam. Você concorda que os significados não estão na cabeça, mas sim no mundo exterior?

5. Qual é a tese defendida pela teoria da referência direta?

Atividades aplicadas: prática

1. Assista ao filme *A outra terra* e discuta os impactos e as consequências do contato entre ambas as terras.

V

Teoria pragmática da linguagem

É a linguagem humana uma estrutura abstrata universal que se manifesta sempre da mesma forma em qualquer época e contexto? Pode a diferença entre as línguas ser explicada simplesmente por meio de diferenças gramaticais superficiais ou as diferenças nas práticas sociais humanas influenciam na constituição gramatical profunda das línguas?

Neste capítulo, apresentaremos uma visão alternativa sobre a linguagem: a visão pragmática. Acompanharemos algumas ideias apresentadas pelo importante filósofo Ludwig Wittgenstein, desenvolvidas no livro *Investigações filosóficas* (1975), e também algumas ideias de outro filósofo muito importante, chamado Willard van Orman Quine, desenvolvidas no artigo *Dois dogmas do empirismo* (1975a). Veremos que a visão pragmática pode ser compreendida de duas maneiras diferentes em relação à teoria clássica do significado, em certos aspectos complementares e em certos aspectos profundamente discordantes e opostos.

5.1 A teoria pragmática da linguagem de Wittgenstein

A perspectiva universalista da linguagem, defendida pelos autores clássicos apresentados até aqui, como Frege, Russell, Strawson e ainda outros que não mencionamos, como Chomsky, defende uma visão sistemática da linguagem ou ainda uma visão axiomática. A noção de axioma está relacionada a sistemas lógicos e a modelos matemáticos. Essa visão toma que é possível, pelo menos em tese, representar a linguagem humana mediante de princípios universais que podem ser descritos por meio das leis da lógica e da matemática.

Axiomas são os primeiros princípios de qualquer sistema; um sistema, por sua vez, consiste em um conjunto de expressões e regras que determinam como combinar essas expressões. Assim, a visão universalista da linguagem, defendida por autores como Chomsky (2006), assevera que a linguagem humana é um sistema que se manifesta de inúmeras formas em diversos lugares e culturas, mas sempre com as mesmas características, que podem ser isoladas e representadas lógico-matematicamente. A visão tradicional (ou, ainda, universal) da linguagem aponta que a linguagem consiste em um conjunto de elementos que se encontram em qualquer manifestação linguística humana. Em outras palavras, toda língua, seja o português, o inglês, o japonês ou o alemão, possui semelhanças sintáticas profundas, com base nas quais é possível traçar aspectos essenciais que constituem cada uma delas. Em suma, para a *abordagem universalista* (como chamaremos daqui para frente), a linguagem possui uma essência e todas as manifestações linguísticas carregam esses traços essenciais consigo.

A visão pragmática sobre a linguagem e o significado diz respeito a um modo de compreender aspectos da fala e da comunicação sem levar em consideração elementos que permitem uma definição necessária e universal desses fenômenos. As semelhanças entre as diversas manifestações linguísticas e as diferentes línguas ao redor do mundo são explicadas não em termos de condições necessárias e suficientes que as constituem, mas naquilo que Wittgenstein chama de *semelhanças de família*.

Nesse sentido, a abordagem pragmática da linguagem critica, entre outras coisas, a visão referencialista do significado – são aquilo que as expressões linguísticas designam, são a sua referência. Dessa forma, qualquer linguagem, até mesmo a linguagem matemática da aritmética, trata não apenas das relações entre os símbolos, mas sim daquilo que os símbolos substituem.

Frege era um realista platônico: ele acreditava que os números e as demais entidades matemáticas, como os conjuntos, os modelos e as relações, existem ainda que "descolados" da realidade empírica, pertencendo a algum reino que transcende o material, no céu de Platão. Outra característica da aritmética é que ela é um "todo sistemático organizado". Mas, para Ludwig Wittgenstein (1889-1951), nem mesmo a matemática possui esse *status* privilegiado.

Ambas as doutrinas são complementares (doutrina pragmática e universalista ou axiomática), em certo sentido (que explicaremos a seguir), porque existem inúmeros fenômenos que a visão universalista não explica. Por exemplo: as diferentes formas de interpretação de um símbolo linguístico por falantes da mesma língua e região. Por outro lado, como foi aludido anteriormente, ambas são profundamente discordantes entre si, pois cada uma arroga para si a interpretação correta da natureza da linguagem. Se, por um lado, a doutrina pragmática afirma que a linguagem não possui um conjunto de elementos necessários e suficientes que a constitui, por outro, a doutrina universalista afirma o oposto. Assim, nesse sentido, ambas não podem ser corretas ao mesmo tempo.

Observamos que a abordagem universalista da linguagem apresenta alguns problemas. Um dos principais é que ela não consegue explicar, por exemplo, como algumas expressões podem ser usadas para se referir a objetos e contextos completamente diferentes daqueles nos quais tradicionalmente são utilizadas. Com isso, Wittgenstein (1975) compreendeu que o significado das expressões linguísticas não poderia ser tido como algo fixo, sistemático e determinado, como uma propriedade que cada expressão de uma linguagem possui unicamente.

Para Wittgenstein (1975), por meio das investigações filosóficas, o significado é identificado com o uso, ou seja, não é uma função entre expressões e objetos, mas entre expressões e usos. Dessa forma, é possível explicar a variação do significado em relação ao uso e os diferentes significados que um termo adquire em relação à variação no contexto de uso.

Podemos dar um exemplo simples para isso. A expressão *perna*, em geral, designa uma parte do corpo humano, justamente aquela que sustenta o nosso corpo quando estamos em pé, permitindo que nos desloquemos. Mas também podemos usar essa expressão para nos referirmos àquela parte que dá sustentação a uma cadeira ou a uma mesa, como em "a perna desta cadeira não está firme" ou "a perna desta mesa foi pregada ao contrário". Em certos aspectos, há alguma relação entre os usos dessas expressões, afinal, perna é aquilo que dá sustento para nós, para as cadeiras e para as mesas permanecerem erguidos.

Em outros aspectos, a referência é completamente diferente. Compare uma perna humana, a perna de uma cadeira e a de uma mesa. Essa semelhança entre o uso da expressão em contextos diferentes referindo-se a objetos diferentes é explicada por meio do que Wittgenstein (1975) chamou de *jogos de linguagem*. Ele comparou a regra de uso de uma expressão linguística com as regras que determinam os movimentos de uma peça de xadrez ou de uma carta em um jogo de baralho.

Antes de apresentarmos o conceito de jogos de linguagem, falaremos um pouco sobre a noção de semelhança de família. Esse é também um conceito introduzido na filosofia por Wittgenstein para explicar as relações que expressões linguísticas possuem entre si, as quais se distinguem da caracterização sistemática da linguagem como sistema axiomático.

Sendo assim, imagine uma família, no sentido mais simples do termo – um grupo de pessoas como pai, mãe, tio e primos. Todos eles possuem semelhanças físicas, se forem consanguíneos. Contudo, não há um grupo específico de características que cada um possui e que os torna semelhantes. Por exemplo: um dos filhos possui os olhos da mãe; outro, o nariz do pai; um primo, os olhos da tia e o rosto do avô; um sobrinho, o nariz da tia e os olhos da avó; e assim por diante. Mas, de todos eles, nenhum possui o mesmo conjunto de características do outro.

Mais formalmente, imagine três objetos (A, B e C), mais especificamente três formas geométricas. A e B são dois quadriláteros, sendo que A é um retângulo e B é um quadrado, e C é um círculo. Imagine também cinco propriedades: X (a propriedade de ser um quadrado), Y (a propriedade de ser um retângulo), Z (a propriedade de ser um círculo), W (a propriedade de ser branco) e V (a propriedade de ser azul). O objeto A possui as propriedades Y e V, ou seja, é um retângulo azul; o objeto B possui as propriedades X e W, ou seja, é um quadrado branco; e o objeto C possui as propriedades Z e V: é um círculo azul. Todos esses objetos possuem propriedades em comum, mas nenhum deles possui o mesmo conjunto de propriedades.

Essa mesma forma funciona para as linguagens e as expressões linguísticas. Não há um conjunto de propriedades e semelhanças específicas que determina a essência ou a natureza da linguagem humana. As similaridades, por mais próximas que sejam, entre as diversas manifestações linguísticas e entre as mais diferentes e isoladas culturas ao redor do mundo, não passam de semelhança de família.

O pragmatismo tem suas raízes no empirismo, a tese de que todo conhecimento surge da experiência. Não há ideias inatas, não nascemos com qualquer conhecimento prévio que nos permita organizar a multiplicidade da experiência sensível. Sendo assim, até mesmo a linguagem teria de se conformar a esse fato, pois até ela teria sua fonte na experiência.

As semelhanças entre as línguas, assim, poderiam ser explicadas por meio das semelhanças que a condição humana impõe para cada um. Todos temos de nos alimentar e de nos reproduzir; sentimos fome, frio, sono. Semelhanças entre as línguas podem ser explicadas em termos de semelhanças entre as experiências vividas entre os agentes linguísticos. Mas as explicações para os fenômenos não são sempre as mesmas: o vulcão pode eclodir porque o magma (rocha líquida derretida), com a pressão, escapa do núcleo da Terra, ou porque um deus enfurecido necessita que seus anseios sejam apaziguados com algum sacrifício humano.

As diferentes formas de explicar os fenômenos, e, assim, as experiências humanas, podem justificar as diferenças nas linguagens. Se esse modelo for correto, dificilmente haverá um princípio unificador entre todas as manifestações linguísticas. As culturas e as práticas humanas são muito diferentes, e quanto mais isoladas forem das demais, maiores serão as chances de existir um abismo entre os significados e as regras encontradas nas diversas gramáticas existentes.

São justamente essas lacunas intransponíveis que impedem que uma abordagem sistemática dê conta de todo o espectro das diversas manifestações linguísticas. Mas isso não nos impede completamente de compreender o fenômeno da linguagem. Por isso, agora é importante apresentarmos o conceito wittgensteiniano de jogos de linguagem.

A noção desses jogos é bastante simples. Ela parte da negação de que a única função da linguagem é dar nomes a objetos. Consequentemente, o aprendizado da língua não consiste unicamente em aprender nomes e conceitos e o que eles referem. Para Wittgenstein (1975), os jogos de linguagem referem-se à unidade semântica fundamental – ou seja, a linguagem consiste em uma rede de infinitos jogos possíveis, desempenhando relações nas quais ora expressões são usadas de acordo com algumas regras, ora são usadas de acordo com outras.

A linguagem caracterizada dessa forma é bastante flexível, diferente da imagem estática e imutável que a abordagem universalista defende. A noção de jogo é utilizada porque todas as atividades possuem regras, como o xadrez, por exemplo. Há regras que dizem quais movimentos você pode fazer com o cavalo, mas não com o peão. Cada jogo possui um conjunto de regras que organizam cada jogada, cada lance. Esses lances competem às elocuções na fala. Sempre que dizemos algo, pautamo-nos por essas regras; sempre que pedimos algo a alguém, damos uma ordem, perguntamos ou informamos algo, temos por base as diferentes regras de utilização das expressões.

A linguagem é um jogo no qual as peças são as expressões linguísticas, e as regras iniciais consistem nas regras sintáticas que nos dizem como combinar as expressões para formar frases. Há também as regras semânticas, que nos conduzem a utilizar expressões significativamente, e as regras pragmáticas, que são estabelecidas unicamente mediante o uso das expressões em contextos distintos. A linguagem passa a ser considerada um objeto vivo, datado, fruto das práticas humanas.

A consequência dessa visão se reflete no aprendizado – só podemos aprender efetivamente uma língua nova se convivermos com os nativos daquela língua e se compartilharmos as experiências às quais as expressões estão vinculadas. Imagine, assim, as cartas de um baralho. Podemos jogar inúmeros jogos diferentes com o mesmo baralho; a mesma carta pode ter várias funções, desempenhar vários papéis e ser usada por meio de diferentes regras. Do mesmo modo, não apenas uma expressão, mas também uma sentença pode ser usada de várias formas.

O uso é de fundamental importância para a teoria pragmática sobre a explicação da aquisição de significado das expressões. É importante explicarmos, então, em que consiste a teoria do significado como uso. Observemos primeiro a teoria universalista da linguagem, também conhecida como teoria realista, que possui um correlato em relação à teoria do significado.

A teoria realista trata proposições e outros itens linguísticos como entidades abstratas cuja estrutura pode ser estudada como a biologia estuda as células e os micro-organismos com o microscópio. Mas Wittgenstein (1975) argumentava que as palavras e as sentenças eram mais como peças de um jogo, usadas para fazer movimentos (afirmar, perguntar, mandar) governados por regras convencionadas pelas práticas sociais. Assim, um "significado" não é uma entidade abstrata, mas faz parte de um conjunto mais amplo de regras que uma expressão ou uma sentença desempenha no comportamento social humano.

5.2 A reorientação pragmática na filosofia de Quine

Quine (1908-2000) defendeu no artigo *Dois dogmas do empirismo* (1975a) uma doutrina chamada *holismo semântico*. "Holismo" tem a ver com o todo e "holismo semântico" tem relação com o significado como parte de um todo, no caso, uma rede de significados. Uma expressão como "o rei da França" só tem sentido dentro de um conjunto amplo de conceitos, cada um em relação ao outro. Por exemplo: o conceito de rei está relacionado aos conceitos de monarquia, governar, território, súditos. O conceito de monarquia está ligado aos conceitos de rei, súditos e governar. Mas se relaciona também com muitos outros elementos que estão também relacionados entre si, formando uma imensa cadeia ou rede conceitual, dentro da qual nenhum conceito significa algo isoladamente. De modo geral, essa tese positiva é defendida por Quine.

Porém, ao menos a nosso ver, esse não é o ponto chave do estudo do autor. A principal e mais forte ideia defendida por ele é a crítica ao dogma do empirismo da distinção entre enunciados analíticos e sintéticos. De acordo com Quine (1975a), a suposta fronteira entre enunciados sintéticos e analíticos é pouco precisa, mal definida e sustentada a título de dogma. De acordo com a tradição empirista, enunciados analíticos são enunciados verdadeiros unicamente em virtude de seus significados; já enunciados sintéticos são aqueles verdadeiros em virtude de fatos.

Para Quine (1975a), essa fronteira esfumaça-se justamente porque não há uma definição precisa de analiticidade. Assim, a estratégia do autor para criticar a falta de conceito consiste em mostrar que, por conta dela, ficamos dependentes do conceito de significado.

Quine (1975a) ainda acaba por rejeitar significados como entidades abstratas, por ser esse um conceito muito obscuro. Contudo, aceita a definição de sinonímia, que é justamente a relação existente entre duas expressões que possuem o mesmo significado. Ou seja, dizemos que duas expressões são sinônimas se, e apenas se, elas possuem o mesmo significado.

Nesse contexto, Quine demonstra que toda tentativa de definir a sinonímia já pressupõe a analiticidade, criando assim um problema insuperável para a semântica, pois nenhuma definição pode pressupor aquilo que está sendo definido. Por exemplo: podemos definir um conceito A apenas em termos de conceitos distintos B e C. O conceito A não pode aparecer como *definiendum* e como *definiens*[1] ao mesmo

---

[1] O *definiendum* é aquela expressão que está sendo definida e o *definiens* é justamente a definição daquela expressão.

tempo. Esse é um erro grave e, segundo Quine, é o erro cometido por aqueles que, inadvertidamente, creem em uma ou outra forma de analisar a sinonímia. Como se alguém, ao definir o conceito A, usasse os conceitos B, C e A novamente.

Quine analisa a seguinte sentença analítica:

"Todo solteiro é não casado".

Então ele pergunta: O que torna essa sentença analítica? Primeiramente, Quine (1975a) afirma que há classes de sentenças analíticas. Há aquelas que, por aclamação filosófica geral, são verdadeiras em virtude do significado atribuído às expressões simples de uma linguagem. Essa classe de enunciados corresponde às verdades lógicas, aos enunciados verdadeiros unicamente em virtude de seus significados, os quais, por sua vez, consistem nas interpretações atribuídas às expressões simples da linguagem da lógica, como a conjunção &, a negação ¬, a implicação →, a equivalência ≡ e a disjunção V.

Percebe-se que o autor reconhece esse tipo de enunciado analítico; o que ele não reconhece são enunciados da primeira forma. Então, ele propõe que enunciados da primeira forma podem ser analíticos, pois, se substituídos pela simbologia da linguagem lógica, resultam em uma verdade lógica. No entanto, em seguida, ele se pergunta: E quem garante que essa é a única tradução possível? Da mesma forma, "solteiros" e "não casados", como é garantida essa sinonímia? Em que devemos nos basear para aceitar tal fato?

A ordem natural da sequência de razões que devemos considerar a fim de compreender essa discussão é tal que a primeira coisa a ser pensada é a noção de sinonímia. Quem estabelece que duas expressões são sinônimas? Segundo Quine (1975a), há algumas formas de caracterizar a sinonímia, e uma delas é por **definição**. Para alguns filósofos, podemos reduzir enunciados como "todo solteiro é não casado" a enunciados lógicos por definição. O que significa que "solteiro" é definido como "homem não casado". Mas quem e quando definiu isso assim?

Devemos aceitar simplesmente a definição do dicionário e assumir com ele que as expressões são sinônimas e fim da história? Obviamente, não. Dicionários são obras de lexicógrafos, sendo assim, devemos aceitar a palavra do lexicógrafo como lei? Novamente, a resposta de Quine é "não". Ele diz que isso seria como "colocar o carro na frente dos bois". O trabalho do lexicógrafo é um trabalho empírico, sua ocupação é registrar o comportamento linguístico das pessoas. Assim, se o registro foi o de "solteiro" como "homem não casado", isso se deve à crença de que há uma relação de sinonímia pré-existente entre essas duas expressões.

Em outras palavras, o comportamento linguístico dos falantes é tal que eles usam "solteiro" e "não casado" como formas sinônimas, afinal, o lexicógrafo registra dessa maneira. Mas, exatamente por esse motivo, não podemos tomar a definição como fundamento da sinonímia, pois a definição pressupõe a sinonímia. Sejam lá quais forem as condições necessárias e suficientes para afirmar que duas formas linguísticas são sinônimas, elas se baseiam no uso dessas expressões.

Outra forma de fundamentar a sinonímia é por meio da substituição *salva veritat*. Esse é um princípio conhecido em semântica e linguagem, de acordo com o qual, se duas expressões a e b são sinônimas, então se a é substituído pela expressão b dentro de uma frase verdadeira, isso faz que a frase permaneça verdadeira. Por exemplo, água e H_2O:

Havia uma amostra de **água** naquele recipiente.

Assim, se substituirmos *água* por *H_2O*:

Havia uma amostra de **H_2O** naquele recipiente.

A frase permanece verdadeira e não perde o sentido original, pois aquilo que está sendo comunicado na primeira frase é o mesmo que está sendo comunicado na segunda. Outro exemplo seria entre Superman e Clark Kent: ambos os nomes designam o mesmo indivíduo, assim, em certo sentido, ambas as expressões são sinônimas, portanto:

Superman é o homem mais forte do mundo.

Substituindo *Superman* por *Clark Kent*, temos:

Clark Kent é o homem mais forte do mundo.

O que resulta em uma sentença verdadeira. Não é porque denominamos um indivíduo de outra forma que algo se torna falso sobre suas propriedades.

Contudo, Quine (1975a) mostra que nem mesmo esse princípio está isento do problema que atingiu a definição como fundamento da sinonímia. Isso ocorre porque nem mesmo o par de expressões com as quais lidamos no início, "solteiro" e "não casado", passa pelo teste da intersubstitutibilidade. Quine (1975a) oferece dois exemplos com as expressões "cabo solteiro" e "solteiro tem oito letras"; ou assim substituímos "solteiro" por "homem não casado":

Solteiro tem oito letras.

Fazendo a substituição:

Homem não casado tem oito letras.

A frase resultante é nitidamente falsa. Mas não apenas nesses contextos obtemos substituições que resultam em falsas:

Louis Lane crê que **Superman** é o homem mais forte do mundo.

Se substituirmos *Superman* por *Clark Kent*, obtemos a seguinte frase falsa:

Louis Lane crê que **Clark Kent** é o homem mais forte do mundo.

O que, ao menos em certo ponto dos quadrinhos do Superman, é falso. Assim, vemos que essa estratégia de fundamentar a sinonímia na intersubstitutibilidade também falha.

Há ainda uma terceira forma de fundamentar a sinonímia, em termos de regras semânticas – ou seja, por meio da especificação de um sistema formal dentro do qual as expressões simples da linguagem são interpretadas com significados que lhes são atribuídos. Assim, as expressões complexas formadas a partir das mais básicas, consequentemente, terão características formais e propriedades semânticas com base no significado das expressões mais simples.

Dessa forma, a sinonímia poderia ser explicada em termos das propriedades formais que duas expressões adquirem por meio das definições básicas que os símbolos que as compõem adquiriram no momento em que esse sistema foi concebido. A analiticidade é, assim, uma forma que certos enunciados dessa linguagem adquirem por serem verdadeiros em virtude das regras semânticas estabelecidas de início. Os axiomas e os teoremas são verdades e, dessa forma, são analíticos.

Contudo, nesse caso também há um problema. A concepção desse sistema é arbitrária, pois a escolha dos axiomas não é determinada por um procedimento já baseado em leis. A escolha dos primeiros princípios e das leis básicas desse sistema é convencional, e, portanto, também não pode ser aceita como fundamento da analiticidade.

A sinonímia é a relação que duas expressões mantêm entre si, sendo que duas expressões, ou duas frases, são sinônimas se têm o mesmo significado. Podemos representar da seguinte maneira: assuma que x e y são duas frases distintas. Mais uma vez, por razões didáticas, suponha que x represente "Platão é solteiro" e y represente "Platão é não casado" e que a e b são respectivamente os significados de x e y. Então:

Se x e y são sinônimas, então $a = b$.

Em outras palavras, dizer que *x* e *y* são expressões sinônimas significa dizer que tanto *x* quanto *y* possuem o mesmo significado *a*. Outro exemplo pode ser avaliado usando duas frases de línguas diferentes, como a frase em português "a neve é branca" e a frase em inglês "the snow is white". Se podemos traduzir uma pela outra, respeitando as respectivas línguas, estamos aptos a afirmar que ambas possuem o mesmo significado e são, assim, sinônimas. Mas é justamente isso que Quine (1975a) critica: que existam entidades responsáveis por explicar a significação e que para cada expressão e frase significativa há uma, e apenas uma, entidade abstrata que corresponde ao seu significado.

Desse modo, para o autor, a significação é uma rede interconectada que liga um número expressivo de conceitos e expressões que se relacionam por meio dessa rede. E o mais importante é que ela é construída mediante as práticas socioculturais dos falantes nativos dessa linguagem.

Por fim, Quine (1975a) sugere que não apenas a filosofia, mas as ciências cognitivas em geral, deveriam reorientar-se rumo a uma visão pragmática da linguagem e dos sistemas formais como fundamentalmente oriundos das experiências empíricas humanas.

Síntese

Discorremos neste capítulo sobre a teoria pragmática da linguagem e do significado. Vimos que ela complementa, em certo sentido, a teoria universalista ou axiomática, pois existem fatos sobre a linguagem e o significado que a última não consegue explicar. Porém, em outro sentido, são completamente díspares, por cada uma arrogar para si o direito de ser a abordagem da linguagem e do significado que detém a explicação mais apropriada sobre os fundamentos desses dois conceitos.

Vimos como Wittgenstein desenvolve suas ideias pragmáticas, analisando o que ele entende pelos conceitos de semelhança de família, teoria dos jogos de linguagem e significado como uso. Entendemos também como ele se opõe à visão universalista e como constrói uma compreensão bastante diferente do modo como devemos entender o significado e a natureza da linguagem.

Por fim, vimos a teoria de Quine e sua crítica à analiticidade e à sinonímia. Por não ser possível definir adequadamente esses dois conceitos, o autor expõe uma rede de conceitos de origem e conexões pragmáticas na qual os elementos principais que ligam e mantêm a rede são a experiência, os hábitos e os costumes humanos. No fim, Quine convida a uma reorientação pragmática de toda a filosofia e das ciências cognitivas formais.

Indicações culturais

Entrevista
QUINE, W. V. O. Uma conversa com Quine (In Conversation with W. V. Quine). **The Bodos Panel**, S. d. Disponível em: <https://www.youtube.com/watch?v=2NmVVu7gF9c>. Acesso em: 6 jul. 2015.

Trata-se de uma importante fonte para uma compreensão mais ampla das ideias de Quine, pois ajuda a situar o tema debatido neste livro dentro de um espectro mais geral de seu pensamento. A entrevista de aproximadamente duas horas mostra pontos de vista do filósofo Willard van Orman Quine para o programa *The Boolos Panel*. Entre os temas debatidos pelo entrevistado, estão os principais pontos de seu livro *Dois dogmas do empirismo*. O programa explora também os conceitos de significado e comportamento linguístico, aproveitando para questionar Quine sobre as diferenças encontradas entre seus pensamentos e os do linguista Noam Chomsky. O vídeo tem áudio em inglês e não há legendas disponíveis.

Livro

MACHADO, A. N. **Lógica e forma de vida**: Wittgenstein e a natureza da necessidade lógica e da filosofia. São Leopoldo: Unisinos, 2007.

O livro apresenta uma discussão pormenorizada das duas principais obras de Wittgenstein, o *Tractatus logico-philosophicus* e as *Investigações filosóficas*. O foco está na mudança ou ruptura do pensamento desse autor da primeira para a segunda obra, momento no qual a concepção pragmática da linguagem substitui a visão sintática universal.

Atividades de autoavaliação

1. De acordo com a teoria universalista, é correto afirmar:
   a) O significado está no uso.
   b) O conceito de sinonímia não possui um fundamento claro.
   c) Significados são entidades abstratas estruturadas.
   d) A linguagem está em constante transformação.
   e) Significados como entidades não existem.

2. Assinale verdadeiro (V) ou falso (F):
   ( ) Pragmatismo é uma doutrina unicamente sobre significados.
   ( ) Axiomas são provados por meio de princípios anteriores.
   ( ) De acordo com o pragmatismo, a linguagem não é universal.

( ) Pragmatismo e universalismo, em certo sentido, são complementares.

( ) De acordo com a teoria pragmática, todas as manifestações linguísticas são idênticas.

3. Sobre o conceito de semelhança de família, é correto afirmar:
   a) Propõe-se a explicar a relação entre nomes e objetos.
   b) Tenta explicar a essência da linguagem como universal.
   c) Mostra que as diferentes linguagens compartilham semelhanças, mas que essas semelhanças não são unificadas.
   d) Faz uma comparação entre linguagens e jogos.
   e) Afirma que há um conjunto de propriedades necessárias e suficientes que toda linguagem tem em comum.

4. Em relação aos jogos de linguagem, é correto afirmar:
   a) A linguagem humana é um único jogo com regras fixas.
   b) As regras não se alteram de língua para língua.
   c) As diferentes línguas são como diferentes jogos com diferentes regras.
   d) Linguagens e jogos são coisas completamente opostas.
   e) As regras das linguagens são diferentes das regras que compõem os jogos.

5. Assinale o que for verdadeiro em relação à teoria do significado como uso:
   a) Para cada expressão linguística e frase de uma linguagem há um significado associado.
   b) O significado de uma expressão é dado pelo uso feito dessa expressão.

c) As práticas sociais não interferem nos significados das expressões.

d) Significados são entidades abstratas estruturadas.

e) Podemos usar livremente uma expressão linguística para significar qualquer coisa sem convenção.

6. Sobre o pragmatismo de Quine, é correto afirmar:

   a) Tenta fundamentar a sinonímia.

   b) Tenta mostrar que a analiticidade é o fundamento da linguagem.

   c) Oferece fortes razões para crermos que a sinonímia não pode ser fundamentada.

   d) Há uma fronteira precisa entre enunciados analíticos e enunciados sintéticos.

   e) Não existem enunciados sintéticos.

7. Sobre o fundamento da sinonímia, é correto afirmar:

   a) Seu fundamento se encontra na definição.

   b) A definição já pressupõe o conceito de analiticidade.

   c) A sinonímia e a analiticidade carecem de fundamento.

   d) A sinonímia é um conceito pragmático.

   e) Nenhuma das alternativas anteriores está correta.

8. Com relação à substitutibilidade, é correto afirmar:

   a) A substituição deve preservar o conteúdo cognitivo.

   b) A substituição de expressões correferenciais deve preservar o valor de verdade da frase.

   c) Superman e Clark Kent podem ser substituídos em qualquer contexto preservando o valor de verdade da frase.

d) A substituição *salva veritat* é o fundamento apropriado para a sinonímia.

e) Água e H_2O não são sinônimas.

9. Assinale verdadeiro (V) ou falso (F):
   ( ) Para Quine, a sinonímia explica perfeitamente a distinção entre enunciados analíticos e enunciados sintéticos.
   ( ) Quine defende uma tese chamada *holismo semântico*.
   ( ) O holismo semântico determina que o significado de expressões é individual.
   ( ) O holismo especifica que significados são estabelecidos por meio de uma rede conceitual geral.
   ( ) Até mesmo a linguagem da matemática está fundada na experiência.

10. Assinale a alternativa **incorreta**:
    a) O pragmatismo é uma visão que compete com a abordagem axiomática sobre o fundamento da linguagem.
    b) A fronteira entre enunciados analíticos e enunciados sintéticos é pouco precisa.
    c) A rede de conceitos característica do holismo é determinada por meio do comportamento linguístico e das práticas socioculturais dos falantes nativos.
    d) Quine sugere que a filosofia deveria reorientar-se rumo à pragmática.
    e) Quine e Wittgenstein discordam profundamente sobre a análise da linguagem.

Atividades de aprendizagem

1. O que é pragmatismo linguístico?
2. Explique a teoria dos jogos de Wittgenstein. Dê exemplos.
3. Quais são as três formas de fundamentar a sinonímia cognitiva?
4. Qual é a distinção entre enunciados analíticos e enunciados sintéticos?
5. O que é *holismo semântico*? Você concorda com a ideia de que expressões podem ter significados isolados do resto da linguagem? Comente.

Atividades aplicadas: prática

1. Dê ao menos um exemplo prático de jogos diferentes que empregam as mesmas peças, mas se utilizam de regras distintas.

VI

Linguagem e ideologia

Neste capítulo, veremos as relações entre linguagem e ideologia. Discorreremos sobre as ideias de Jürgen Habermas sobre as relações entre a linguagem, os juízos e as formas de expressão e os juízos de valor, ou seja, os juízos morais e éticos. Analisaremos a teoria de Habermas e as críticas de Apel sobre como harmonizar esses dois campos do pensamento humano, a linguagem e a moral. Veremos também as críticas sobre a caracterização da validade do discurso ético e a solução de Habermas para esse problema.

    O advento das discussões entre semântica e pragmática, ou das tentativas de reformulação da semântica em termos pragmáticos, deram ensejo a todo um campo de estudo filosófico envolvendo ética e linguagem. Há diversos problemas quando tentamos juntar as melhores teses das duas áreas, como na passagem do "ser" para o "dever ser". Conflitos também ocorrem na fundamentação da validade do discurso ético e na tradução dos princípios éticos. Ainda assim, talvez o problema que mereça mais destaque seja a fundamentação do discurso ético como ciência, ou seja, como leis universais que podem abranger o comportamento dos indivíduos de maneira ampla.

6.1 A teoria de Habermas

Antes de entrarmos propriamente nos detalhes da teoria de Habermas, é de extrema importância apresentarmos uma caracterização dos conceitos envolvidos nessa discussão. Começando pelo conceito de ética.

Uma das primeiras coisas que aprendemos sobre o assunto quando iniciamos um curso de filosofia é: Sobre o que diz respeito essa área do entendimento humano? Bem, ética é uma área do pensamento que diz respeito às ações humanas – Quando e com base em que podemos julgar que uma ação é boa ou má? Dessa forma, a ética versa sobre o agir bem.

Outro elemento importante em um curso de filosofia é a distinção entre moral e ética. É importante separar bem esses dois conceitos para evitar confusões conceituais. *Moral* diz respeito a sistemas particulares de conduta, como a moral judaica, a moral cristã, a moral islâmica. Já a *ética* diz respeito às ações. Dizemos que alguém é moral se ele segue algum sistema de conduta específico, como os mencionados. Em suma, dizemos que uma pessoa é moral ou não. Em relação à ética, dizemos que as ações de uma pessoa são éticas ou não.

Mas o que são *juízos morais*? Para explicarmos exatamente o que eles significam, buscaremos entender primeiramente o conceito de juízo. Bem, um *juízo* é um pensamento, mas não simplesmente isso. Pensamentos ocorrem o tempo todo em nossa mente, mas nem sempre nos comprometemos com a verdade deles. Às vezes, pode ocorrer um pensamento e, no momento seguinte, podemos descartá-lo como improvável, dificilmente verdadeiro ou algo semelhante. Por esse motivo, juízos não podem ser classificados como meros pensamentos.

Então, o que distingue o juízo de um mero pensamento? O que os distingue é a força com a qual tomamos esse pensamento, ou seja, quando pensamos em algo que acreditamos ser verdadeiro ou falso. Assim, um juízo verdadeiro é quando tomamos um pensamento, acreditamos que ele seja verdadeiro e ele de fato o é. Por sua vez, um juízo falso é um pensamento que acreditamos ser verdadeiro, mas que de fato não é, pois não corresponde à maneira como as coisas são.

Uma coisa é pensarmos que algo é verdadeiro e outra é aquilo de fato ser verdade. Então, um juízo assertórico nada mais é que um juízo afirmativo, um pensamento sobre alguma coisa, quando se atribui alguma propriedade a um objeto. Assim, um juízo assertórico simples corresponde ao que podemos comparar com uma frase como "Sócrates é grego" – o objeto no caso é "Sócrates" e a propriedade é "ser grego".

Agora que já sabemos o que são juízos assertóricos, falta compreendermos o que são juízos morais ou éticos. Eles pertencem ao grupo dos juízos de valor, que são definidos em contraposição aos juízos assertóricos simples. Basicamente, a diferença consiste no tipo de predicado envolvido na asserção. Juízos assertóricos envolvem propriedades simples, como "ser grego", "ser verde", "estar à direita de". Observamos que todos esses exemplos representam propriedades que podem ser observadas empiricamente e constatadas quanto à pertencerem ou não aos objetos envolvidos na asserção.

Desse modo, enquanto os juízos assertóricos são também chamados de *juízos sobre o ser*, justamente por isso os juízos de valor expressam proposições morais, proposições da ética e proposições do direito. Tratam-se, portanto, de juízos característicos, por expressarem uma pretensão de aconselhar ou influenciar a ação em relação ao bem ou ao mal – ou, simplesmente, indicam que certa ação é boa ou má. Melhor dizendo, eles surgem da nossa capacidade de distinguir, ainda que sob certos princípios, o que é uma boa ação do que é uma má ação.

Um dos problemas que perpassa quase toda a filosofia de Habermas, e que exige a maior parte do esforço intelectual do autor, consiste na fundamentação da validade do discurso ético. É importante notarmos que esse é um problema apenas para aqueles filósofos que creem que a fundamentação teórica legítima desse tipo de discurso é possível. A crença na possibilidade de tal fundamentação é chamada de *cognitivismo*.

O cognitivismo, portanto, consiste na perspectiva de acordo com a qual é possível conhecermos a verdade no campo da ética. Em outras palavras, a crença de que, dados certos juízos de valor, podemos saber se eles são verdadeiros ou falsos. A tese oposta é o não cognitivismo, justamente o contrário da tese que afirma a possibilidade de conhecermos a verdade no campo da ética. Para alguns filósofos de tendência pragmática, esse pensamento é o que mais faz sentido, já que consideram impossível fazer afirmações objetivamente verdadeiras na ética. Contudo, para compreender bem essas duas doutrinas, é importante entendermos a discussão que está por trás delas, ou, mais especificamente, o que fundamenta o não cognitivismo.

É possível afirmar que um juízo de valor é verdadeiro? Segundo um não cognitivista, não. Isso acontece porque, diferentemente de enunciados sobre o ser ou enunciados descritivos, como "esta maçã é vermelha", um juízo de valor (ou normativo) não pode ser "observado" ou "constatado" de maneira objetiva. Assim, para sabermos a cor de um objeto, se alguém está à direita ou a esquerda de alguém, ou quantos gols certo time levou da Alemanha em uma partida decisiva de Copa do Mundo, basta que olhemos. É uma questão objetiva, as pessoas não discordam sobre isso.

Já um juízo ético-normativo envolve predicados como "é correto", "é bom", "você deve", que não são predicados "observáveis". Essa é uma das razões para que discordemos tanto sobre o que é correto fazer. Em geral, a justificativa de uma lei ou de uma ação só pode ser encontrada com referência a um sistema fechado, dentro do qual o indivíduo que pertence a uma comunidade o segue. Portanto, não é possível, de acordo com o não cognitivismo, afirmar racionalmente a objetividade de uma lei da ação.

6.2 O contraponto da linguagem

Mostrar a validade de uma lei causa um problema muito grande, conhecido como *falácia naturalista*. Hume (2000) apresenta um argumento devastador contra as diversas formas com que muitos filósofos do seu tempo tentavam justificar as leis da ética. O argumento consiste em mostrar que é uma falácia tentar passar do ser para o dever ser, pois não podemos deduzir leis morais com base em princípios descritivos. Hume (2000, p. 509) apresenta esse argumento na seguinte passagem:

Em todo sistema de moral que até hoje encontrei, sempre notei que o autor segue durante algum tempo o modo comum de raciocinar, estabelecendo a existência de Deus, ou fazendo observações a respeito dos assuntos humanos, quando, de repente, surpreendo-me ao ver que, em vez das cópulas proposicionais usuais, como *é* e *não é,* não encontro uma só proposição que esteja conectada a outra por um *deve* ou *não deve.* Essa mudança é imperceptível, porém da maior importância. Pois, como esse *deve* ou *não deve* expressa uma nova relação ou afirmação, esta precisaria ser notada e explicada; ao mesmo tempo, seria preciso que se desse uma razão para algo que parece inteiramente inconcebível, ou seja, como essa nova relação pode ser deduzida de outras inteiramente diferentes.

Essa passagem é de extrema importância, pois separa inteiramente dois âmbitos que pareciam se conectar perfeitamente por meio de conexões lógicas. Um exemplo do argumento de Hume (2000) é o seguinte:

Tome P1 como premissa 1, P2 como premissa 2 e C como conclusão.
Sócrates é humano – P1
Todo humano é mortal – P2
Sócrates é mortal – C

Esse é um argumento simples e a conclusão é uma consequência lógica das premissas. A validade desse argumento consiste no fato de, dada a verdade das duas premissas, não ser possível que a conclusão seja falsa. Assim, tudo aquilo que está contido na conclusão deve já estar contido nas premissas, não há nada novo ou diferente que apareceu repentinamente na conclusão. Agora, observemos o próximo argumento:

Água hidrata o corpo – P1
Exercícios físicos fortalecem – P2
Água e exercícios são bons à saúde – C

Pode parecer que não há qualquer problema com esse argumento, já que concordamos com as premissas, concordamos com a conclusão e todas são verdadeiras. Contudo, em conjunto, elas não se sustentam, pois não apresentam um argumento válido.

De acordo com o raciocínio do primeiro exemplo, todo conteúdo da conclusão está contido nas premissas, mas isso não acontece no caso da água e dos exercícios. Há um conceito que não está contido em nenhuma premissa, o conceito de "bom". De onde veio esse conceito? Como ele foi parar ali? Repare que pensamos assim em grande parte dos nossos raciocínios morais e éticos – eles acontecem dessa forma. Porém, vemos que há um problema, uma incompatibilidade com a lógica, o que faz com que todos os argumentos guiados por esse pensamento sejam inválidos.

Nesse panorama, surge o pensamento de Habermas, que é um cognitivista, ou seja, ele acredita na possibilidade da justificação racional da validade do discurso ético. Ao perceber que até então todas as tentativas de fundamentar a validade de uma regra com base em características intrínsecas a ela falharam, ele desloca o foco da fundamentação para a forma prática da lei, e não mais para o conteúdo da norma. Sua saída é afirmar que uma regra de ação ou escolha é justificada – e, assim, válida – apenas se todos aqueles afetados pela regra ou escolha possam aceitá-la como um princípio do discurso.

A versão de Habermas (1989) da justificativa da ética do discurso é altamente influenciada pelas ideias de Kant. Assim como esse autor, ele considera a moralidade uma questão de obrigações morais incondicionais – ou seja, nem aquilo que é proibido, nem as regulamentações do que é permitido nas interações entre as pessoas e nem aquilo que determina nossas obrigações se baseiam em princípios que visam alcançar ou evitar um fim posterior. O objetivo da teoria moral é reconstruir a força incondicional de tais obrigações com uma didática imparcial da razão prática que se aplica para qualquer indivíduo.

Também como Kant, Habermas estabelece uma relação que liga a moralidade à autonomia da ação: Como alguém age sem vistas a obter um bem maior com aquela ação ou, ainda, como alguém age simplesmente com respeito à lei sem esperar nenhum tipo de recompensa? Mas, diferentemente de Kant, Habermas (1989) toma uma apropriação dialógica da razão prática, conforme sua teoria do discurso exige. Kant assumia que, em princípio, cada pessoa, refletindo individualmente e guiada pelo imperativo categórico, poderia chegar às mesmas conclusões sobre o que o dever exige. Essa assunção tem sido, há muito tempo, reconhecida como problemática, mas, em um cenário plural e multicultural, é perfeitamente compreensível.

A principal discordância de Apel, autor nascido em 1922, em relação à doutrina de Habermas, consiste na incapacidade do discurso ético e moral em sustentar a universalidade da própria ética discursiva. Disso se seguem consequências drásticas. Uma delas consiste na acusação de Apel de que, assim concebida a solução de Habermas para fundamentar o direito, o resultado que segue é uma contradição. Outra consequência aparece na acusação de que a própria construção da ética discursiva, visando à fundamentação do princípio de universalização, se tornaria impossível.

Com relação a essas críticas, Habermas (1989) aponta que o erro cometido por Apel foi confundir regras lógicas com conteúdos morais: "as tentativas feitas, até agora, para fundamentar uma ética discursiva, padecem do fato de que as *regras* da argumentação são curto-circuitadas com *conteúdos* e *pressupostos* da argumentação – e confundidas com *princípios morais* enquanto princípios da ética filosófica" (Habermas, 1989, p. 16, grifo do original). Esse, sem dúvida, é um ataque severo à ideia de Apel de que a lógica pressupõe uma ética.

Mas, como podemos observar, de fato Apel afirma: "neste sentido também não se pode dizer que a lógica implica uma ética. Pode-se afirmar, no entanto, que a lógica – e com ela também todas as ciências e tecnologias – *pressupõe* uma ética como sua condição de possibilidade" (Apel, 1994, p. 119, grifo do original).

O que temos aqui são, na verdade, duas ordens categorialmente distintas. Assim, é necessário distinguir a normatividade no sentido transcendental de uma norma no sentido deontológico, que seria aquele da lógica do discurso jurídico. Nesse panorama, mesmo que um dos motivos para a possível confusão de Apel seja a linguagem jurídica usada para descrever as condições de possibilidade da comunicação, faz-se apenas uma sugestão. Essa proposta seria de uma leitura ética do que deveria ser uma condição de possibilidade lógica – embora pragmática – da racionalidade da comunicação humana.

Finalmente, é possível compreender a teoria de Habermas e suas objeções a Apel. O que Apel (1994) visaria seria a fundamentação diretamente das normas morais básicas sem a devida atenção às leis do discurso e da fundamentação de um princípio da universalização.

Isso ocorre uma vez que o conteúdo normativo das pressuposições da argumentação jurídica apresentaria um sentido deôntico obrigatório, ou seja, é possível fornecer elementos objetivos para uma inferência direta do discurso jurídico fora da prática da argumentação.

Habermas (1989), por sua vez, crê na possibilidade de extrair da normatividade das pressuposições gerais do discurso o substrato para as exigências deontológicas concernentes à ação. Assim, ele não apenas responde às críticas de Apel, como também mostra como fundamentar a ética nas normas práticas de uma comunidade discursiva. Ele também apresenta de modo claro as relações entre linguagem e ideologia – as relações entre discurso, moral e ética.

Síntese

Discorremos neste último capítulo sobre algumas teses que relacionam linguagem e ideologia. Mais especificamente, vimos as relações entre a base da fundamentação da ética e a possibilidade da legitimização da validade do discurso ético. Verificamos o que são juízos e o que são juízos de valor, analisando a distinção entre enunciados sobre o ser, enunciados descritivos, e sobre o dever ser, enunciado de valor. Observamos, sobretudo, a crítica humeana da passagem do ser para o dever ser. Mas o ponto principal desse capítulo foi a teoria de Habermas, o modo como ele fundamenta a validade do discurso ético, evitando a falácia naturalista e respondendo às objeções de Apel sobre a universalidade e a abrangência dos nossos juízos morais.

Indicações culturais

Entrevista

HABERMAS, J. **Jurgen Habermas Interview.** 2007. Disponível em: <https://www.youtube.com/watch?v=jBl6ALNh18Q>. Acesso em: 6 jul. 2015.

O vídeo apresenta uma entrevista com Jurgen Habermas, na qual ele fala sobre algumas de suas teorias. Com duração de cinco minutos, assuntos como democracia, comunicação, linguagem e tecnologia são abordados pelo filósofo. Este vídeo é importante sobretudo para compreendermos de modo mais amplo as ideias de Habermas apresentadas neste livro. Há legendas em inglês disponíveis.

Livros

HABERMAS, J. **Teoria do agir comunicativo.** São Paulo: Martins Fontes, 2012.

Esse livro traça uma minuciosa análise da democracia e do estado de direito, de seus fundamentos e suas possibilidade, por meio de considerações sobre a teoria social e a epistemologia e considerações pragmáticas sobre a linguagem e o agir comunicativo.

Atividades de autoavaliação

1. O que são juízos de valor?
   a) São juízos analíticos.
   b) São juízos matemáticos.
   c) São juízos prescritivos.
   d) São definições.
   e) São axiomas.

2. Sobre juízos, é correto afirmar:
   a) São pensamentos sobre os quais temos a crença de serem verdadeiros.
   b) São meros pensamentos que não consideramos do ponto de vista de seu valor de verdade.
   c) São pensamentos falsos.
   d) São frases assertóricas.
   e) São proposições analíticas.

3. Sobre juízos de valor, é correto afirmar:
   a) Dizem respeito a propriedades que podem ser observadas empiricamente.
   b) São juízos sobre o comportamento, unicamente.
   c) São juízos que envolvem propriedades como "ser bom" ou ser "recomendável".
   d) Envolvem propriedades abstratas.
   e) São juízos sobre o valor de verdade de proposições.

4. Sobre a teoria de Habermas, é correto afirmar:
   a) O problema principal discutido é o que é a moral.
   b) O foco é sobre as relações entre moral e ética.
   c) O problema principal é explicar a validade dos juízos éticos.
   d) Não é possível encontrar a verdade no campo da ética.
   e) Não há como julgar a validade dos juízos morais.

5. De acordo com a doutrina defendida por Habermas, é correto afirmar que ele é:
   a) marxista.
   b) cognitivista.
   c) ambientalista.
   d) antropologista.
   e) niilista.

6. Sobre o cognitivismo, é correto afirmar:
   a) É uma doutrina sobre a ação.
   b) Diz respeito ao conhecimento, unicamente.
   c) É possível conhecer a verdade no campo da ética.
   d) Não podemos conhecer o valor de verdade dos juízos morais.
   e) É uma teoria metafísica.

7. A doutrina de Habermas é semelhante à filosofia de:
   a) Wittgenstein.
   b) Adorno.
   c) Apel.
   d) Kant.
   e) Russell.

8. Sobre a falácia naturalista, é correto afirmar:
   a) Termos que se referem a conceitos morais são inválidos.
   b) As deduções da ética são inválidas.
   c) A lógica deôntica é inconsistente.
   d) É uma falácia que envolve predicados simples da linguagem.
   e) Surge quando se deriva uma conclusão de valor de premissas simples.

9. Assinale verdadeiro (V) ou falso (F):
   ( ) Habermas crê na possibilidade de extrair da normatividade das pressuposições gerais do discurso o substrato para as exigências deontológicas concernentes à ação.
   ( ) Habermas mostra como fundamentar a ética por meio das normas práticas de uma comunidade discursiva.
   ( ) Apel visaria à fundamentação diretamente das normas morais básicas sem a devida atenção às leis do discurso.
   ( ) Segundo Apel, também podemos dizer que a lógica implica uma ética.
   ( ) Apel concorda inteiramente com Habermas.

10. Assinale verdadeiro (V) ou falso (F):
    ( ) A versão de Habermas da justificação da ética do discurso é altamente influenciada pelas ideias de Kant.
    ( ) Diferentemente de Kant, Habermas considera a moralidade uma questão de obrigações morais incondicionais.
    ( ) O objetivo da teoria moral é reconstruir a força incondicional de tais obrigações com uma didática imparcial da razão prática que se aplica para qualquer indivíduo.
    ( ) Como Kant, Habermas estabelece uma relação que liga moralidade com autonomia da ação.
    ( ) O dever, para Kant, consiste em como alguém age simplesmente com respeito à lei sem esperar nenhum tipo de recompensa.

Atividades de aprendizagem

1. Explique com exemplos a falácia naturalista.

2. Qual é o problema mencionado no texto que Habermas discute?

3. Qual é a crítica de Apel a Habermas?

4. Como Habermas responde a Apel?

5. Você concorda com Habermas? Explique sua resposta.

Atividades aplicadas: prática

Pesquise alguma lei e discuta o seu caráter moral, nos termos em que a lei foi escrita.

Considerações finais

Chegamos ao final desta obra, no qual apresentamos as três principais áreas que norteiam as discussões em filosofia da linguagem: teoria da referência, pragmática e linguagem e ideologia. Investigamos brevemente sobre a vida e a obra de Gottlob Frege, sua distinção entre sentido e referência, ou seja, o modo de apresentação ou a maneira como cada objeto se apresenta e a referência enquanto ela mesma. Vimos que a noção de sentido fregeana explica de modo unificado uma série de problemas em filosofia e discutimos sobre a teoria das descrições definidas de Russell, o paradigma até hoje empregue na análise da estrutura da linguagem e de grande parte das asserções linguísticas. Pudemos comparar a teoria de Russell com a de Strawson, que enfatizou a distinção entre expressão linguística e uso e enunciado de uma expressão.

Vimos, na sequência, uma reação à teoria descritivista da referência e acompanhamos argumentos de várias ordens, desde aqueles desenvolvidos por Donnellan, concebidos como uma espécie de junção das teorias de Russell e Strawson, até argumentos extremamente sofisticados, como os argumentos modal e da Terra Gêmea de Kripke e Putnam. Donnellan mostrou que existem usos de descrições definidas nos quais os conceitos envolvidos na descrição não são decisivos para determinar a referência. Kripke avançou a ofensiva contra a teoria das descrições, mostrando que, se nomes fossem equivalentes a descrições definidas, então, quando usássemos um nome associado a uma descrição que seleciona outro indivíduo que não o pretendido, a referência deveria ser o outro indivíduo, e não o pretendido.

Investigamos o argumento da Terra Gêmea, um experimento imaginário desenvolvido por Hilary Putnam que estende o alcance das críticas contra o descritivismo para termos de espécies naturais. A amplitude do argumento de Putnam é tal que, além de mostrar que o sentido ou as descrições associadas a esses termos não determinam seus significados, os significados dessas expressões não estão na cabeça, ou seja, não são entidades mentais ou psicológicas.

No capítulo referente à teoria pragmática da linguagem e do significado, vimos que ela complementa, em certo sentido, a teoria universalista ou axiomática. Isso acontece porque existem fatos sobre a linguagem e o significado que a última não consegue explicar. Porém, em outro sentido, são teorias completamente díspares, por cada uma arrogar para si o direito de ser aquela que detém a explicação mais apropriada sobre os fundamentos desses dois conceitos.

Vimos como Wittgenstein desenvolve suas ideias pragmáticas e o que ele entende pelos conceitos de "semelhança de família", "teoria dos jogos de linguagem" e "significado como uso". Observamos, ainda, como ele se opõe à visão universalista e como constrói uma compreensão bastante diferente do modo como devemos entender o significado e a natureza da linguagem. Por fim, verificamos a teoria de Quine e sua crítica à analiticidade e à sinonímia: como não era possível definir a sinonímia, a analiticidade parecia se perder em uma rede de conceitos de origem e conexões pragmáticas. Assim, os elementos principais que ligam e mantêm essa rede são a experiência, os hábitos e os costumes humanos. No fim, Quine convida a uma reorientação pragmática de toda a filosofia e das ciências cognitivas formais.

Acompanhamos, na última parte e no último capítulo, algumas teses que relacionam linguagem e ideologia e explicamos o que são juízos e o que são juízos de valor. Vimos a distinção entre enunciados sobre o ser, enunciados descritivos e sobre o dever ser e enunciados prescritivos. Discorremos, sobretudo, acerca da teoria de Habermas, como ele fundamenta a validade do discurso ético, evitando a falácia naturalista e respondendo às objeções de Apel sobre a universalidade e a abrangência dos nossos juízos morais.

Enfim, esta obra trouxe para você um apanhado de discussões com pormenores da linguagem e de seu significado. Buscamos, com isso, que você seja mais capaz de compreender a estrutura e as nuances do processo de comunicação, além de perceber a compreensão das informações e dos pensamentos humanos transmitidos por meio da fala e escrita.

A importância do estudo desses conteúdos não se restringe às atividades a serem desenvolvidas em sala de aula por professores e alunos, mas se amplia para a vida prática. Cada vez mais somos bombardeados por informações, e a tendência é de que isso aumente ainda mais no futuro. Portanto, é necessário compreendermos os aspectos mais sutis da estrutura do discurso para não tomarmos algo dito como uma verdade dada, de modo que sejamos capazes de discernir fatos de informações e também de avaliarmos por nós mesmos a validade dos argumentos usados nos mais diversos âmbitos de nossas vidas.

Referências

APEL, K. O. **Estudos de moral moderna**. Petrópolis: Vozes, 1994.
ARISTÓTELES. De Interpretatione. In: ANGIONI, L. (Trad./Org.). **Ontologia e predicação em Aristóteles**. Campinas: Unicamp, 2000.
ARISTÓTELES. **Ética a Nicômaco**. São Paulo: Athena, 1940.
BASTOS, C. L. **A lógica dos estóicos**. Curitiba: Champagnat, 2010.
BROCHARD, V. **La logique des stoiciens**. Paris: J. Vrin, 1966.
CHOMSKY, N. **Sobre natureza e linguagem**. São Paulo: Martins Fontes, 2006.
DONNELLAN, K. Reference and Definite Descriptions. **Philosophical Review**, v. 75, n. 3, p. 281-304, 1966.
FRAASSEN, B. C. **A imagem científica**. Tradução de Luiz Henrique de Araújo Dutra. São Paulo: Ed. da Unesp; Discurso Editorial, 2007.
FREGE, G. **Lógica e filosofia da linguagem**. São Paulo: Cultrix/Edusp, 1978.
FREGE, G. **Begrieffschrift, a Formula Language, Modelled Upon that of Arithmetic, for Pure Thought**. Cambridge: Harvard University Press, 1967.
HABERMAS, J. **Consciência moral e agir comunicativo**. Rio de Janeiro: Tempo Brasileiro, 1989.

HOBBES, T. **Leviatã**. São Paulo: Martin Claret, 2006.

HUME, D. **Tratado da natureza humana**. São Paulo: Ed. da Unesp, 2000.

KANT, I. **Crítica da razão pura**. Lisboa: Fundação Calouste Gulbenkian, 2001.

KRIPKE, S. **O nomear e a necessidade**. Lisboa: Gradiva, 2012.

KUHN, T. S. **A estrutura das revoluções científicas**. 8. ed. São Paulo: Perspectiva, 2003.

LIMA, R. P. S.; SCHNEIDER, J. H. J. Guilherme de Ockham: cognitio, singulare e primium cognitium. **Horizonte científico**, Uberlândia, v. 7, p. 1-21, 2013.

PINKER, S. **Do que é feito o pensamento**: a língua como janela para a natureza humana. São Paulo: Companhia das Letras, 2008.

PUTNAM, H. The Meaning and Reference. **The Jornal of Philosophy**, v. 70, n. 19, p. 699-711, 1973.

QUINE, W. V. O. **Dois dogmas do empirismo**. São Paulo: Abril Cultural, 1975a.

QUINE, W. V. O. **Sobre o que há**. São Paulo: Abril Cultural, 1975b.

RUSSELL, B. **Da denotação**. São Paulo: Abril Cultural, 1989.

RUSSELL, B. **The Principles of Mathematics**. Cambridge: Cambridge University Press, 1903.

SILVA, M. A. O. Tomás de Aquino e Caetano: ainda a teoria da abstração. **Analytica**, Rio de Janeiro, v. 15, n. 1, p. 173-204, 2011.

STRAWSON, P. **Sobre o referir**. São Paulo: Abril Cultural, 1975.

WITTGENSTEIN, L. **Investigações filosóficas**. São Paulo: Abril Cultural, 1975. (Coleção Os Pensadores).

Bibliografia comentada

FREGE, G. **Lógica e filosofia da linguagem.** São Paulo: Cultrix; Edusp, 1978.

Esse livro apresenta uma série de artigos que discutem a natureza de conceitos, apresentam a distinção entre sentido e referência, falam sobre o que são pensamentos e tratam do sentido de expressões indexicais. É uma obra sem igual, uma coletânea dos artigos mais importantes de Frege em filosofia da linguagem e, sem dúvida, a série de artigos que mais influenciou os filósofos da linguagem do século XX a se posicionarem contra ou a favor de Frege, mas sempre considerando os problemas levantados por ele.

KRIPKE, S. **Nomear e a necessidade.** Lisboa: Gradiva, 2012.

Essa é a principal obra que ajudou a superar de uma vez por todas o paradigma fregeano dos sentidos associados a nomes. Nela, Kripke defende o millianismo, doutrina de acordo com a qual o único componente semântico de um nome próprio é a sua referência. O livro apresenta uma série de argumentos que visam mostrar que nomes não têm sentidos e que a referência não é garantida por nenhuma espécie de descrição definida. Além disso, Kripke discute sobre a metafísica dos mundos possíveis, tentando mostrar que eles não são entidades concretas com pessoas e objetos de verdade, mas construtos lógico-semânticos estipulados. Outro objetivo importante desse livro foi sua contribuição para a filosofia da mente, a filosofia da ciência e a epistemologia. Como disse Richard Rorty, um clássico moderno da literatura filosófica.

WITTGENSTEIN, L. **Investigações filosóficas**. São Paulo: Abril Cultural, 1975. (Coleção Os Pensadores).

Essa é outra importante obra de filosofia do século XX que vem ganhando muito espaço e atenção por parte dos filósofos da linguagem. Ela inicia com uma crítica ao seu livro anterior, *Tractatus lógico filosófico*. Esses dois livros constituem as obras mais importantes de Wittgenstein. A crítica ao *Tractatus* recai sobre a ideia da linguagem universal, atacada com base nos conceitos de semelhança de família e jogos de linguagem. Wittgenstein apresenta essas ideias por meio de aforismos, por meio dos quais traça, de modo pragmático, os contornos da linguagem. O autor faz isso sem se comprometer com uma estrutura sistemática, como no livro anterior, mas com uma força persuasiva mais marcante.

RESPOSTAS

Capítulo 1
Atividades de autoavaliação
1. c
2. a
3. c
4. d
5. b
6. e
7. a
8. c
9. b
10. a

Atividades de aprendizagem

1. Estilpo afirma não ser possível a predicação porque quando afirmamos que "o cavalo é veloz", estamos dizendo algo diferente de "cavalo". Só seriam possíveis, segundo Estilpo, afirmações do tipo "o cavalo é cavalo".
2. Há três funções básicas da cópula verbal: identidade, predicação e existência. Estilpo reconhece apenas a identidade como função da cópula, sendo que a mais comum, na verdade, é a de predicação.
3. Para Aristóteles, uma contradição consiste em afirmar e negar ao mesmo tempo uma única característica de um mesmo objeto.
4. A mente é uma folha em branco; o material das impressões, convertido em ideias, entra no intelecto separadamente, cabendo a ele o processo de recompor as ideias na mente. Uma expressão como "maçã" adquire significado a partir da composição das ideias que fazem parte desse conceito na mente. Mas, para Hume, nesse processo de composição a mente não é ativa; os princípios de acordo com os quais essas ideias se unem na mente são externos à mente.
5. A teoria da abstração de Thomas de Aquino tem a virtude de explicar como os universais são apreendidos pela mente. Esse processo consiste em separar aquilo que é próprio do objeto em suas inúmeras características e uni-los na mente de modo a excluir todas as suas características particulares e formar, assim, o que é comum a todos os exemplares de determinada categoria.

Atividades aplicadas: prática

Filosofia antiga – Para Aristóteles a noção de significado estava intimamente relacionada com aquilo que ficou conhecido como *triângulo semântico*. O triângulo semântico consiste na relação entre um nome ou uma expressão falada, uma expressão escrita e o mais fundamental dos três, as afecções da alma. Quando um objeto externo atinge os sentidos, esse processo gera uma afecção na alma humana. Assim, as palavras escritas nada mais são do que símbolos de afecções na alma, e os sons falados são símbolos das palavras escritas.

- Filosofia medieval – Para muitos filósofos da também chamada *filosofia escolástica*, o significado de uma expressão linguística é formado com base nos dos universais (ou fantasmas) responsáveis ou resultantes do processo de abstração, que consiste no processo por meio do qual se dá o conhecimento dos objetos externos. Esse é um processo realizado pelo intelecto que atua operando uma separação (abstração) das formas sensíveis que compõem um indivíduo para a mente.
- Filosofia Moderna (empirismo) – Para o empirismo britânico, especialmente para David Hume, o significado de uma expressão linguística corresponde a uma ideia complexa na mente. Uma ideia complexa nada mais é do que a composição de ideias simples. O importante é compreender como ideias complexas subsumem as ideias mais simples ou como as ideias simples estão organizadas na mente e se unem para formar ideias complexas. Esse processo é explicado por Hume de acordo com o princípio de recorrência, contiguidade espaçotemporal e causalidade. Quanto maior a recorrência de duas ideias, sua proximidade no tempo e/ou no espaço, maior a expectativa, quando da presença de uma delas, de se ter a experiência da outra; ou, quando olhamos no relógio e vemos que são 6h00 da manhã, esperamos ver em seguida o pôr

do sol. E esse processo une às ideias simples na mente, formando o significado das expressões linguísticas.

Capítulo 2

Atividades de autoavaliação

1. a
2. c
3. d
4. c
5. b
6. c
7. d
8. c
9. a
10. b

Atividades de aprendizagem

1. Como é possível um falante competente reconhecer o valor de verdade de uma sentença do tipo "a = a" e não reconhecer o valor de verdade de uma sentença do tipo "a = b", sendo que "a" e "b" se referem ao mesmo objeto.
2. A ideia de que a identidade é uma relação entre nomes de objetos, e não entre os objetos por si mesmos.
3. Pois ela ignorava a distinção entre uso e menção.
4. A diferença cognitiva se deve a diferentes sentidos associados aos nomes empregados.
5. Ela explica o que são proposições, explica a significatividade da ficção ou dos nomes ficcionais e, principalmente, explica o problema cognitivo.

Atividades aplicadas: prática

O desenvolvimento da lógica formal iniciada por Frege foi essencial para a mudança mais profunda que a humanidade observou quanto à ciência e à tecnologia. Esse impacto foi maior talvez na tecnologia, porque foi por meio da lógica fregeana que foram desenvolvidas as linguagens posteriormente usadas na computação e na informática. Outra ideia importante desenvolvida depois pelo matemático Alan Turing foi a noção de recursão ou computabilidade, fundamental na teoria da linguagem de Frege. A noção de recursividade ou computabilidade é o elemento chave para compreender a noção de pensamento ou significado em Frege. O pensamento ou significado de uma sentença complexa é uma função dos sentidos das expressões componentes. A noção de procedimento efetivo, que deu origem às primeiras "máquinas abstratas de computação efetiva" (como, por exemplo, a chamada *Máquina de Turing*, primeiro modelo de computador programável por *software*, que deu origem à chamada *Tese de Church*, a qual afirma que qualquer função *efetivamente* computável pode ser computável por uma Máquina de Turing apropriadamente definida), está intimamente ligada à noção de "dedução em um sistema formal (simbólico)" – como vimos, concebida por Frege, o mentor da lógica moderna.

Capítulo 3

Atividades de autoavaliação

1. d
2. c
3. b

4. d
5. a
6. d
7. d
8. d
9. d
10. a

Atividades de aprendizagem

1. É uma teoria que parte de uma análise lógica da estrutura semântica de expressões do tipo "o F de x" e mostra que essas expressões são proposições quantificadas complexas.
2. A teoria dos objetos de Meinong determina que há objetos que não existem, pois, caso não houvessem tais objetos, frases do tipo "o abominável homem das neves não existe" não poderiam ser verdadeiras.
3. Ela mostra que descrições definidas não são termos singulares ou nomes genuínos, portanto, não envolvem o objeto supostamente referido em seu conteúdo.
4. Uma frase não pode ter um valor de verdade isoladamente independente do contexto de uso.
5. 1) O uso do artigo definido é diferente de como queria Russell. 2) Quando alguém usa o artigo definido, não está implicando que existe um e apenas um F; 3) descrições definidas são artifícios de referência identificadora; 4) uma descrição definida não implica, mas pressupõe o objeto que a satisfaz.

Atividades aplicadas: prática

O livro *Reference and Computation* (*Referência e Computação*) mostra de modo bastante expressivo a interface entre filosofia e inteligência artificial. Com prefácio do filósofo John Searle, esse livro, escrito pelo professor Amichai Kronfeld, trabalha no desenvolvimento de algoritmos amplamente empregados em sistemas interativos, que promovem a interação humano-máquina e buscam cada vez mais fazer com que essa interação se assemelhe à interação humano-humano.

Capítulo 4

Atividades de autoavaliação
1. F, V, V, F, V.
2. c
3. a
4. e
5. c
6. c
7. b
8. a
9. c
10. c

Atividades de aprendizagem
1. Um nome próprio designa o mesmo indivíduo em todos os mundos possíveis que esse indivíduo existe, independentemente de quaisquer características acidentais que esse indivíduo venha apresentar.
2. Nem todas as proposições necessárias são *a priori* e nem todas as proposições contingentes são *a posteriori*.

3. O uso atributivo de uma descrição definida necessita de conceitos e o uso referencial independe deles.
4. A existência de indivíduos com o mesmo estado mental acerca de duas substâncias distintas ou dois objetos diferentes simplesmente não implica que o significado da expressão que nomeia essas duas substâncias é o mesmo.
5. Nomes referem diretamente aos seus objetos, e não por meio de descrições definidas.

Atividades aplicadas: prática

Uma consequência desse encontro é que, como antes do encontro, tudo que se passava em uma terra também se passava na outra; a partir daí, será impossível o mesmo continuar ocorrendo. Isso é inviável, pois, se o mesmo continuar ocorrendo, será impossível uma interação ou uma conversa. As duas terras são objetos independentes, e não espelhos uma da outra.

Capítulo 5

Atividades de autoavaliação

1. c
2. F, F, V, V, F.
3. c
4. c
5. b
6. c
7. d
8. b
9. F, V, F, V, V.
10. e

Atividades de aprendizagem

1. Uma visão sobre a natureza da linguagem de acordo com a qual não há um fundamento essencial que unifique todas as manifestações linguísticas.
2. As expressões linguísticas, assim como as peças de um jogo de xadrez, por exemplo, obedecem a certas regras que podem ser alteradas dependendo do contexto.
3. Definição, substituição *salva veritat*, regras semânticas.
4. Enunciados analíticos são verdadeiros em virtude dos seus significados e enunciados sintéticos são verdadeiros em virtude dos fatos.
5. É a doutrina de acordo com a qual o significado das expressões linguísticas é determinado dentro de uma rede de conceitos.

Atividades aplicadas: prática

Poker. Há inúmeras modalidades de poker, nas quais se utilizam as mesmas peças (cartas), mas com diferentes regras.

Capítulo 6

Atividades de autoavaliação

1. c
2. a
3. c
4. c
5. b
6. c
7. d
8. e
9. V, V, V, F, F.
10. V, F, V, V, V.

Atividades de aprendizagem

1. Premissa 1: exercícios físicos aumentam a circulação e os batimentos cardíacos.

   Premissa 2: atividades que aumentam a circulação e os batimentos cardíacos promovem uma vida longa.

   Conclusão 3: exercícios físicos fazem bem.
2. O problema da validade dos juízos morais.
3. Não é possível extrair elementos para uma fundamentação da legitimidade dos juízos morais da lógica simplesmente, ainda que ela pressuponha uma moral.
4. A universalidade e a abrangência dos nossos juízos morais devem ser encontradas e fundamentadas nas práticas discursivas das quais um falante está disposto a participar e com as quais deseja contribuir.
5. Resposta pessoal.

Atividades aplicadas: prática

> Art. 1º A República Federativa do Brasil, formada pela união indissolúvel dos Estados e Municípios e do Distrito Federal, constitui-se em Estado Democrático de Direito e tem como fundamentos:
>
> I – a soberania;
> II – a cidadania
> III – a dignidade da pessoa humana;
> IV – os valores sociais do trabalho e da livre iniciativa;
> V – o pluralismo político.
>
> Parágrafo único. Todo o poder emana do povo, que o exerce por meio de representantes eleitos ou diretamente, nos termos desta Constituição".

O valor moral desse texto, que integra a Constituição Brasileira de 1988, encontra-se na proposta de conceder ao povo as decisões a serem tomadas que definirão os rumos da nação.

Sobre o autor

Max William Alexandre da Costa é doutor em Filosofia pela Universidade Federal do Paraná (UFPR). Tem experiência na área de filosofia, com ênfase em filosofia da linguagem, metafísica e lógica. Sua especialidade são os seguintes assuntos: Kripke, semântica e pragmática, ontologia, ontologia da lógica, teorias da referência e referência direta.

Impressão:
Agosto/2023